Je ne suis pas enceinte

Enquête sur le déni de grossesse

Gaëlle Guernalec-Levy

Je ne suis pas enceinte

Enquête sur le déni de grossesse

Stock

ISBN 978-2-234-06018-0

AVANT-PROPOS

« Parturientes particulières, elles arrivent aux urgences pour des maux de ventre, un kyste ovarien ou un fibrome et elles en repartent avec un bébé dans les bras. » C'est ainsi que commençait un court article que j'avais rédigé pour le magazine *DS*, en juillet 2003. Et que débutait, par la même occasion, cette enquête sur le déni de grossesse. Bien avant l'affaire Courjault, bien avant la médiatisation des néonaticides, celle des femmes enceintes sans le savoir et des maris aveugles. Au temps des brèves consacrées à ces enfants retrouvés dans des sacs-poubelle, des comptes rendus d'audience relatant, en bas de page, la détresse d'une mère et la mort d'un nouveau-né, des articles locaux racontant l'arrivée d'un bébé-surprise ou l'incroyable accouchement d'une femme qui se pensait ménopausée. Autant de récits épars, qui alors, pris séparément, pouvaient paraître au choix cocasses, sordides, surprenants, déprimants, spécifiques. Lus au hasard des journaux, à la rubrique insolite ou dans les pages consacrées aux faits divers, ils n'avaient pas de sens, ils ne permettaient aucune mise en lien, aucune analyse, aucune projection. Il n'y avait pas grand-chose à en dire.

D'abord parce que, nimbées d'un halo de suspicion, d'incrédulité ou d'indignation, ces informations ne pouvaient être signifiantes. Difficile de croire aujourd'hui qu'une femme puisse vraiment ignorer sa grossesse. Ce serait même un paradoxe absolu dans une société qui sacralise la maternité (et il n'y a pas lieu de s'en plaindre), la starifie, l'expose sur les affiches publicitaires, dans les magazines people, les émissions de télévision. Un paradoxe absolu à l'heure où sont commercialisés des tests détectant la grossesse trois jours avant l'arrivée présumée des règles, c'est-à-dire quelques jours après la fécondation. Quand certaines peuvent se savoir enceintes à peine l'orgasme atteint, d'autres accoucheraient seules chez elles et à terme, en pensant faire une fausse couche ou avoir une gastro ? Non, ces histoires ne cadraient pas avec les progrès médicaux, la maîtrise de la fécondité, qu'elle passe par la contraception ou l'interruption volontaire de grossesse, avec la liberté du sexe et de la parole.

Ensuite parce que, drames de la pauvreté intellectuelle et sociale, faits divers assimilés au quart-monde ou aux ados démunies, la thématique du déni de grossesse et celle de l'infanticide ont connu pendant longtemps le même sort que celui réservé à l'inceste il y a vingt ans, lorsque le phénomène était sous-estimé et attribué aux classes sociales les plus défavorisées. Autant dire que le sujet ne suscitait qu'un intérêt limité. Les pauvres qui violent leurs enfants, les zappent pendant la gestation ou les tuent comme on noie des petits chats, c'est compréhensible, vieux comme le monde, normal.

Rassemblés, recoupés, lus les uns à la suite des autres, ces récits, qu'il s'agisse de dépêches AFP, de chroniques judiciaires ou d'articles traités de façon badine dans des journaux locaux, résonnent comme une étrange litanie. Il y est question le plus souvent de défaut de contraception, de « bébé-surprise », d'accouchement inopiné ou clandestin, de sac-poubelle, d'hémorragie, de grossesse cachée, d'isolement. Ces histoires récurrentes, souvent très similaires, banalement tristes, peuvent sembler, *a priori*, tout à fait ordinaires, tant leur traitement, en général déshumanisé et standardisé, les vide de toute substance. Quand elles sont lues avec attention, voire entre les lignes, elles appellent pourtant au moins deux interrogations, qui sautent alors aux yeux et ouvrent soudain des abîmes de réflexion : comment peut-on cacher ou ignorer sa grossesse ? Comment une femme peut-elle tuer son nouveau-né ?

Il a fallu que se produisent, entre septembre et novembre 2006, deux faits divers hors norme – assez peu représentatifs du « tout-venant » du déni de grossesse – pour que ces questions soient enfin vraiment posées et que la réalité apparaisse bien plus complexe, bien plus bouleversante que ne le laissait transparaître la restitution brute des faits. Il a surtout fallu que l'un des couples pris dans la tourmente de l'infanticide appartienne à la petite bourgeoisie de province. Il n'était plus possible de balayer l'intérêt du sujet d'un revers de la main et d'un définitif « dans ces milieux-là, ce sont des choses qui arrivent ».

Ces deux interrogations, sur l'invisibilité de la grossesse et le meurtre du bébé, ont sous-tendu trois ans durant cette enquête dont l'objectif était de cerner et de faire connaître au grand public le phénomène du déni de grossesse, pour modifier ensuite le regard porté sur ces femmes, que l'accouchement ait débouché ou non sur la mort de l'enfant. Quelques spécialistes ont écrit des textes passionnants sur ces maternités de l'ombre, ces bébés qui se vivent comme des passagers clandestins, ces mères qui portent un enfant sans l'attendre, et sur la plus tragique des conséquences de ce phénomène, le néonaticide. Des textes saisissants, un peu plus médiatisés ces derniers mois, mais qui étaient jusqu'à présent confinés dans des revues médicales pour initiés. Résultat : de nombreux médecins qui n'avaient pas été confrontés de près au déni de grossesse persistaient à croire, comme une grande majorité de l'opinion publique – et certainement y a-t-il encore aujourd'hui des gens pour le penser –, qu'il s'agissait de légendes urbaines.

L'institution judiciaire, elle, considère le néonaticide comme un homicide volontaire sur mineur de quinze ans, passible de la réclusion criminelle à perpétuité. La France est l'un des rares pays occidentaux, avec les États-Unis, à ne pas, ou plutôt à ne plus posséder de législation spécifique pour l'infanticide – dans d'autres pays, notamment le Canada, la loi sur l'infanticide est en ce moment âprement débattue. À ne pas considérer, en tout cas de par la loi, qu'une femme tuant son bébé au moment de l'accouchement devrait peut-être bénéficier de circonstances atténuantes, en raison de la fragilité physique et psychique induite par cet événement particulier. À estimer *a contrario* que l'accouchement, cette expérience potentiellement risquée, violente, plus ou moins douloureuse, plus ou moins anxiogène, plutôt sanglante, constitue dans l'histoire de ces parturientes-là un épiphénomène, une simple formalité. Or, ces femmes qui ont dénié leur état mettent un enfant au monde dans des conditions précaires et dans un isolement total. Elles ont peur, elles sont submergées, dans l'incapacité de s'approprier ce bébé et de se vivre mères immédiatement. Certains magistrats et jurys populaires l'entendent parfaitement. D'autres pas. Il est encore des avocats généraux pour parler d'« acte monstrueux et volontaire », d'« acte de confort », de « légèreté à l'époque où sont possibles l'avortement et l'accouchement sous X ».

C'est en raison de ce fossé entre d'un côté l'existence d'études concordantes sur le déni et de l'autre la méconnaissance des néophytes, dont une partie du corps médical et de l'institution judiciaire, qu'est née un jour, lors d'un procès d'assises, l'idée d'un livre comme celui-ci. Je ne suis ni juriste ni médecin et j'ai délibérément fait la part belle aux récits des faits, aux témoignages divers, à la parole des femmes. Ces femmes qui rappellent, pour certaines d'entre elles d'une bien terrible façon, que l'instinct maternel ne fut jamais qu'un joli leurre, que la grossesse ne peut se réduire à une évidence physiologique, que c'est aussi le regard de l'autre qui permet de se sentir enceinte.

Un passager clandestin de 3,4 kilos

Face aux ventres ronds qui la narguent, dans la rue, dans les dîners entre amis ou sur les couvertures des magazines, Cathy baisse les yeux, tourne la tête, pense à autre chose. De guerre lasse, elle a fini par capituler. Elle ne sera jamais mère, elle ne connaîtra pas cette fierté, elle ne rayonnera pas de cette absolue plénitude. Elle restera de ce côté-ci de la rive, chez les « nullipares », celles qui n'ont pas d'enfant. Chez les nulles, pense-t-elle certains matins dans un explicite raccourci sémantique. Cathy a à peine vingt-six ans. Une toute jeune femme mais plusieurs années d'« essai bébé » derrière elle, comme le disent les initiées. Et cette absence d'enfant, ce grand vide au ventre, finit par avoir raison de son couple. L'impossible synergie, le 1 + 1 = 3 qui lui est refusé, fait voler en éclats le socle conjugal.

Lorsque Cathy rencontre Damien, quelques mois plus tard, elle se dit qu'on peut aimer plusieurs fois dans une vie. Il est doux et attentionné, il la fait rire, il est une évidence. Elle et lui, ce sera pour longtemps, l'éternité ou presque, cette fois, c'est sûr. D'ailleurs, un matin, le test urinaire livre un verdict aussi inespéré qu'inattendu. Cathy est enceinte. Malheureusement, très vite, cette grossesse surprise se révèle beaucoup moins idyllique que prévu. Le bébé ne se développe pas bien et la jeune femme doit rester alitée. À cinq mois et trois semaines de gestation, l'équipe médicale considère qu'on ne peut plus prolonger la grossesse sans risquer et la vie de l'enfant et celle de la mère. Des corticoïdes sont injectés à Cathy pour accélérer la maturation des poumons de son bébé. Léa naît le 29 juin 2000, par césarienne, dans un hôpital de Saint-Étienne. Elle pèse à peine un kilo.

C'est au moment de cet accouchement à haut risque que les médecins découvrent l'origine de la longue période d'infertilité et des difficultés gestationnelles de Cathy. Son utérus est bicorne, il présente deux cavités au lieu d'une. Une particularité médicale assez rare qui empêche de mener une grossesse à terme. Pendant quinze jours, une insoutenable hypothèque pèse sur les épaules des jeunes et tout nouveaux parents, leur bonheur est en sursis. Léa, si petite, si fragile, exposée à un fort risque infectieux, peut ne pas survivre. Un souffle léger pousse finalement le bébé du côté de la vie. Léa restera là.

Pour Cathy, cet insupportable suspense laisse des traces et une certitude : elle n'aura pas d'autre enfant. Elle avait fait le deuil de la maternité, elle a la chance d'être mère d'une belle petite fille, elle n'en espérait pas tant. Tenter le diable n'est pas dans son tempérament. Elle sait qu'en raison de son utérus atypique elle revivrait le même cauchemar, elle serait dans l'incapacité physiologique de porter un bébé suffisamment longtemps, elle devrait affronter de nouveau ce petit corps si gracile qu'il en paraît presque translucide. Et ce n'est tout simplement pas possible.

Dès son retour de couches, Cathy reprend la pilule et la vie son cours. Elle change de travail, devient salariée dans une maison de retraite. La cuisine, le ménage, de quoi renflouer les finances de la famille. Nous sommes en février 2002, un an et demi après la naissance de sa fille. Cathy répond à une convocation de la médecine du travail, se prête aux analyses d'urine, sait qu'elle est anémiée. De sa grossesse elle a conservé des kilos en trop et une fatigue intense. Mais Cathy n'est pas du genre à se laisser aller. Elle n'a ni l'habitude ni le temps de s'apitoyer sur son sort. Elle assume son rôle de jeune mère et de nouvelle salariée, cette double journée que les femmes connaissent bien. Et trouve même le temps d'aider Damien au pub qu'il vient d'ouvrir. Elle consulte un nutritionniste pour tenter de retrouver sa ligne. La jeune femme n'a jamais été enrobée mais ces quelques mois passés alitée en attendant Léa ont considérablement alourdi sa silhouette. Le médecin lui prescrit un régime et des pilules censées accélérer la fonte des graisses. Cathy suit ses instructions à la lettre, gobe consciencieusement ses médicaments, s'active auprès de sa fille, de ses petits vieux, de son mari.

Comme ce peut être décourageant, un régime ! En un mois d'efforts louables, la jeune maman ne perd que quelques grammes. L'aiguille de la balance semble obstinément refuser d'osciller vers la gauche.

Le 9 avril 2002 est un mardi. Cathy termine sa journée à la maison de retraite vers 14 heures. Depuis le matin, elle ne se sent pas très bien. Une sensation de faiblesse, un vertige troublent ses gestes et sa pensée. Et puis elle perd du sang et elle ne comprend pas. Elle a déjà eu ses règles quinze jours plus tôt. Avec la pilule, ce n'est pas très compliqué, c'est même quasi mathématique, son cycle a une régularité de métronome. Ce sang qui coule est en infraction avec les lois de la nature. Il l'effraie, il porte en lui une menace sourde qu'elle ne parvient pas à cerner. Elle rentre chez elle, s'occupe de Léa. Sa tête pèse sur ses épaules, son ventre paraît si lourd, elle se traîne. Damien ne rentrera que très tard dans la nuit, il doit veiller au bon fonctionnement de son établissement.

En fin de soirée, Cathy ne se sent pas mieux. Au contraire, à cette impression de léthargie, de pesanteur, s'est ajoutée une intense douleur abdominale. Cathy n'est pas d'un naturel douillet, mais la souffrance qui lui cisaille le ventre lui coupe le souffle. Le sang, lui, continue de couler. Elle se décide à appeler Damien. Il doit fermer le pub et venir la rejoindre parce qu'elle a mal, parce qu'elle a peur et qu'il se passe quelque chose de grave. Damien n'hésite pas, il appelle le médecin de garde. Lequel parvient au domicile du jeune couple dans l'heure qui suit. Il ausculte Cathy pendant qu'elle tente d'amadouer ce fer chauffé à blanc qui se promène entre ses reins. Le généraliste lève un sourcil, s'interroge à voix haute. Cathy ne serait-elle pas enceinte ? Elle en rirait si elle n'avait si mal. Non, elle n'est pas enceinte, pour une raison fort simple : elle prend la pilule. Et moins de deux mois auparavant, elle a passé une visite médicale, subi des analyses d'urine. Alors, voyez-vous, docteur, c'était bien tenté mais c'est perdu. Le médecin semble soucieux. Pour lui, c'est le foie. L'organe a visiblement doublé de volume. Et ce n'est pas vraiment bon signe. Il n'y a pas une minute à perdre. Le temps de trouver une personne de confiance pour garder Léa et le couple se précipite à l'hôpital, muni d'un résumé manuscrit du médecin de garde.

Cathy est immédiatement prise en charge. On ausculte son abdomen, on la soumet à l'inquisitrice échographie. Un silence de plomb règne dans la salle d'examen. Elle perçoit la tension de Damien, à côté d'elle, le malaise du médecin et des infirmières, qui échangent des regards inquiets. Que peut bien signifier un foie hypertrophié chez une femme qui ne boit pas ? Et qu'ont-ils donc à passer cette sonde sur son ventre avec autant d'acharnement ?

Soudain, il semble qu'ils aient trouvé ce qu'ils cherchaient. Ils osent enfin la regarder, semblent soulagés, elle croit même apercevoir un début d'alacrité dans leurs sourires. Le médecin se tourne vers elle pour lui annoncer ce qui, à en croire la pointe de malice dans ses yeux, a tout de l'excellente nouvelle. « Madame, vous êtes enceinte. Le bébé est vivant, nous avons pu entendre son cœur. »

Ils ne lui laissent pas le temps de réagir. Il faut opérer, maintenant. Sortir l'enfant, maintenant. Cathy fond en larmes. Elle sanglote, elle implore, elle refuse. Elle ne veut pas de ce bébé, elle n'a rien demandé, elle n'est pas au courant. Que vont-ils sortir de son ventre ? Va-t-elle revivre cet enfer d'un nourrisson entre la vie et la mort, à peine esquissé ? Ses souvenirs sont encore à vif, elle a livré une telle bataille pour accompagner Léa, elle en est à peine remise et ces gens en blouse blanche veulent de nouveau lui imposer cette épreuve. À travers ses larmes, elle entend Damien tenter de la raisonner. Elle a du mal à y croire mais lui a l'air heureux. « Ce n'est pas ton foie ! C'est un bébé ! Tu vas bien ! Ce n'est pas grave ! »

Cathy voudrait juste rentrer chez elle, retrouver sa fille, s'allonger près d'elle, s'endormir le nez dans son cou, écouter son souffle régulier. Et voilà qu'on va encore lui ouvrir le ventre. Son corps n'en fait qu'à sa tête.

À 7 h 30, le mercredi 10 avril, Éva pousse un hurlement de circonstance. Une deuxième petite fille, donc, pour Damien et Cathy. Une petite fille qui n'a rien de ces frêles nouveau-nés protégés du monde extérieur par des cages de verre. Éva pèse 3,4 kilos et n'a besoin de personne pour respirer. Une assistante sociale est dépêchée en catastrophe pour ouvrir les droits de ce bébé de dernière minute à la Sécurité sociale et aux allocations familiales. Cathy, elle, se sent dupée. Aux yeux du monde extérieur, des voisins, des journalistes de la presse locale venus l'interviewer, son histoire a des allures de conte insolite. Sa propre mère ne sait comment la remercier pour ce merveilleux cadeau d'anniversaire, une surprise très réussie, vraiment. Pour expliquer l'absence de mouvements intra-utérins, les médecins avancent l'hypothèse d'un fœtus coincé entre les deux utérus de sa génitrice et dès lors dans l'incapacité de bouger. Cathy a beau réfléchir, elle ne se souvient d'aucun symptôme de grossesse. À cause de la pilule, ses règles ont perduré. Elle comprend mieux l'inefficacité de son régime mais pas très bien la cécité du médecin du travail.

La jeune femme ne parvient pas à maîtriser son ressentiment. Elle se désintéresse de son bébé, le touche à contrecœur, fuit son regard. Elle qui a si ardemment et si longtemps voulu être mère sans y parvenir, la voici mère contre son gré. Au bout d'une semaine, elle quitte la maternité avec sa fille. Les médecins incitent fortement Cathy à consulter un psychologue. Elle refuse. Son meilleur psy, c'est son mari. Damien l'a toujours écoutée, soutenue, aimée. À la maison, elle a du mal à retrouver ses marques, elle a perdu le sens de la vie, elle erre dans un brouillard ouaté. Elle n'entend que Léa qui n'entend que sa sœur, et qui, du haut de ses deux ans à peine, s'inquiète. La fillette tire sa mère par la manche et désigne le petit paquet qui pleure dans son berceau : « Elle a faim, maman. » Elle plisse son petit nez et assure : « Ses fesses sentent pas bon, maman. »

Alors Cathy répète ces gestes qu'elle connaît par cœur pour un bébé tombé du ciel. Donner un biberon, changer une couche, bercer mécaniquement pour endormir. Jusqu'au déclic, quinze jours après l'accouchement. Elle prend conscience que Léa est en train de devenir une petite mère pour Éva. Alors elle se réapproprie son rôle, son statut, sa place. Elle apprend à connaître, puis à aimer ce bébé impétueux, vif, alerte. Elle met fin aussi à ce doute insidieux qui menace de lézarder son couple. Damien doit la croire quand elle jure avoir tout ignoré de cette grossesse. Aurait-elle pris des médicaments pour maigrir, totalement contre-indiqués pour les femmes enceintes, si elle avait su ? Il la croit parce qu'il a bien perçu son désarroi, la panique dans son regard et la douloureuse stupéfaction avec laquelle elle s'observe parfois, à la dérobée. Il la croit parce qu'il est de ces rares hommes qui savent lire dans le ventre des femmes.

Quatre ans plus tard, Éva, née de nulle part, va bien. Lorsqu'elle sera en âge de comprendre, Cathy lui racontera cette naissance impromptue. Elle lui dira que leur rencontre improvisée n'a pas eu le goût du bonheur instantané. Qu'il y a eu du refus, de la peur et du doute au début de leur histoire. Elle refera avec elle le chemin parcouru entre la mère porteuse à son insu et la maman aimante. Et Éva pourra épater ses amis en leur relatant comment, bébé en devenir, elle a joué, pendant neuf mois, les passagers clandestins, les foies malades puis les invités de dernière minute.

Des bébés nés de nulle part

À côté du déni de grossesse, dans le registre phénomènes sidérants, la télékinésie, les cuillères tordues à distance, les revenants, les tables qui tournent et les morts qui parlent, font un peu pâle figure. Lorsqu'une femme nie, refoule ou ignore totalement sa grossesse, souvent jusqu'au terme de celle-ci, la première conséquence est la non-visibilité de cette maternité. Et c'est, en soi, d'un strict point de vue physiologique, assez incroyable. Vertigineux, même. Il suffit de regarder une femme enceinte dans le métro. De voir son ventre saillant, comme une excroissance incontrôlable, tendre le tissu de son tee-shirt ou menacer de faire sauter la boutonnière de son manteau. Puis de se dire que la femme assise sur le siège voisin, gabarit standard, jean étroit, ventre apparemment plat, va peut-être accoucher avant elle. Sans avoir su qu'elle était enceinte.

Le déni brouille tous les repères, bouscule les certitudes, fait exploser les représentations traditionnelles de la grossesse. Il présente d'étonnantes caractéristiques.

Un mode de révélation insolite

C'est en général au moment de l'accouchement que la parturiente comprend – et encore, pas toujours – qu'elle est enceinte. Cet accouchement peut survenir rapidement et de façon quasi indolore. Parfois, la femme ressent au contraire de subites et violentes douleurs dans le ventre ou le dos qu'elle ne parvient pas à expliquer. Elle s'imagine souvent avoir une gastro-entérite ou une infection urinaire, deux pathologies qui ne justifient généralement pas de se rendre en trombe à l'hôpital. D'où le nombre élevé, dans les cas de déni, d'accouchements sur la cuvette des toilettes.

Helen, elle, a compris qu'elle était enceinte lorsque les médecins ont déposé le bébé dans ses bras. Le *Sun* a relaté l'aventure de cette Anglaise de vingt-cinq ans dans un article repris le 30 décembre 2005 par l'Agence France-Presse. Le titre, à lui tout seul, vaut le détour : « Enceinte sans le savoir, elle croyait avoir mangé un kebab avarié ». Et l'histoire est à l'avenant, joli conte de fin d'année.

« Helen Smitham n'avait aucune idée qu'elle pouvait porter un enfant lorsqu'elle a commencé à se plaindre de douleurs au ventre, le 25 décembre. Arrivée à l'hôpital local, elle a accouché si rapidement que les médecins n'ont pas eu le temps de lui annoncer qu'elle était enceinte avant de lui présenter Deaton, un petit garçon de 2,1 kilos en pleine forme. "Quand j'ai eu mal à l'estomac, je pensais que c'était le kebab", a expliqué la jeune femme, tout aussi abasourdie que son ami Mark Askew, quarante et un ans. "Elle était au travail jusqu'au vendredi avant Noël et nous étions sortis pour les événements classiques, boire un verre, voir des amis, aller aux *Christmas parties*, a expliqué l'heureux père. Quand j'ai reçu un appel m'expliquant que nous avions un garçon, c'était incroyable." »

Pas de signes extérieurs de grossesse

Ces femmes prennent peu de poids, environ cinq à six kilos, lesquels ne sont pas concentrés au niveau de la ceinture abdominale. Elles ont en général très peu de ventre. Cécile, un mois avant son accouchement, rentrait encore dans des pantalons taille 36-38. Toutes décrivent une prise de poids raisonnable en rien comparable avec les modifications corporelles d'une grossesse. Le mari de Karine (elle a accouché en août 2006 d'un petit garçon) la trouvait même bien plus féminine avec ces nouvelles rondeurs. Parfois, il s'agit de femmes déjà un peu fortes et la grossesse passe plus facilement inaperçue. Véronique Courjault, assez corpulente mais pas obèse, aura été vue en collant et justaucorps pour des cours de yoga et même en maillot de bain sans que son état gravide soit décelable. C'est un fait irréfutable bien que difficilement compréhensible. Les médecins parlent de ces bébés comme de petits passagers clandestins qui, ne se sentant pas les bienvenus, joueraient à cache-cache entre les organes de la mère, s'allongeraient le long de la colonne ou se rouleraient en boule, très haut dans la cavité abdominale.

Une affaire de déni survenue l'été dernier dans l'East Sussex en Angleterre, publiée dans *The Argus* le mercredi 5 juillet 2006, illustre assez bien cette fascinante aptitude des fœtus à se développer en secret. L'intérêt de ce cas assez stupéfiant mérite que l'on cite cet article *in extenso*.

« N'en revenant pas elle-même, Carly Coleman a pris de court sa famille et les docteurs en accouchant de jumeaux quelques heures seulement après avoir appris qu'elle était enceinte. Âgée de vingt ans et originaire de Hailsham, elle a été amenée d'urgence à l'hôpital après avoir perdu les eaux. Une échographie ayant révélé qu'elle était enceinte, les médecins ont pratiqué une césarienne pour sortir l'enfant. Mais ils furent plus surpris encore lorsqu'ils découvrirent un autre bébé dissimulé derrière ses côtes. Le chirurgien s'apprêtait à la recoudre quand il a remarqué le jumeau. Lilly-Ella est née la première, à 4 h 18, suivie de près par Harry, né à 4 h 20. Ils pesaient respectivement 2,3 et 2 kilos.

« Carly, qui a déjà un bébé de onze mois, Louis, n'avait perçu aucun symptôme de grossesse et ne paraissait pas enceinte, les jumeaux s'étant développés dans la partie supérieure de l'utérus et derrière la cage thoracique. L'épopée de Carly a commencé quand elle a perdu les eaux mercredi, juste après minuit. Elle n'a pas compris ce qui lui arrivait. Sa mère l'a emmenée d'urgence au centre hospitalier d'Eastbourne, laissant Louis à la charge du compagnon de Carly, Paul Sexton, âgé de vingt-cinq ans. “Je n'avais absolument aucun symptôme. Je ne les sentais même pas bouger, a déclaré Carly Coleman. J'avais remarqué que j'avais pris un peu de poids mais je pensais que j'étais juste un peu plus grosse. Sinon, tout était parfaitement normal. Quand je suis arrivée à l'hôpital, on m'a fait faire un test de grossesse, pour écarter cette éventualité. Je n'ai pas pensé un seul instant que je pouvais être enceinte. Quand ils m'ont dit qu'il était positif, j'ai fondu en larmes. Ils m'ont fait passer une échographie et n'ont vu qu'un seul des deux bébés parce que Harry était caché sous mes côtes. Mais pendant l'opération, après la naissance de Lilly-Ella, le docteur a dit qu'il sentait quelque chose au toucher. En appuyant avec son doigt près de mon bras, il a affirmé qu'il y avait vraiment quelque chose là. Je lui ai répondu qu'il n'y avait rien, que c'était juste mon bras. C'est alors qu'il a trouvé Harry. Mon père était là, et on s'est regardés. Quand mon père est sorti tout joyeux en portant les deux bébés dans ses bras, ma mère s'est mise à pleurer. Tout est arrivé si vite, ç'a été un vrai choc, mais on s'y fait peu à peu. Les médecins et tout le personnel de l'hôpital ont été remarquables. Je crois qu'ils sont aussi stupéfaits que nous."

« Les médecins ont dit aux parents que les bébés étaient nés à environ trente-six semaines. Le petit Harry est sous surveillance médicale au service néonatal jusqu'à ce qu'il ait pris des forces. Son compagnon était loin, très loin d'imaginer que Carly pouvait être enceinte. "Quand sa mère m'a appelé pour me dire qu'elle allait avoir un bébé, je n'en ai pas cru mes oreilles. Puis on m'a appelé pour me dire que c'étaient des jumeaux. C'est incroyable. Il y a onze mois encore, on n'avait pas d'enfant et aujourd'hui, on en a trois à la maison. Elle n'avait aucun symptôme. Pas plus tard que la semaine dernière, elle faisait du vélo, allait à la piscine, portait Louis dans ses bras. C'est incroyable que rien n'ait déclenché l'accouchement plus tôt. Il y a des jumeaux dans la famille, des deux côtés, bien que jusqu'à présent Carly ne s'en soit jamais fait la remarque. On est aux anges, même si on est toujours sous le choc. Il faut encore qu'on s'habitue à cette idée." »

Pas de symptômes

Les femmes déjà mères ou enceintes savent que la grossesse apporte son lot de joies mais aussi de petits tracas. Qu'elle est en tout cas facilement décelable par la parturiente, même quand elle n'est pas encore visible. Aménorrhée, nausées, tiraillements dans le bas-ventre, seins gonflés ou très sensibles, grosse fatigue, changements soudains d'humeur, envies fréquentes d'uriner... autant de symptômes qui devraient résonner comme des signaux d'alarme.

Sauf qu'on peut être enceinte et ne pas avoir de nausées, se sentir plutôt en forme, ne pas doubler sa taille de soutien-gorge. Sauf qu'on peut être enceinte et, ne pensant absolument pas l'être, interpréter les quelques rares indices de toute autre manière. Elles sont nombreuses à prendre la pilule et à se croire totalement immunisées contre une grossesse. À se penser stériles ou trop vieilles pour procréer. Quant à la persistance des règles, c'est, en général, la question qui taraude tout le monde, celle qui suscite le plus la perplexité ou la suspicion. Et c'est pourtant, dans le déni, l'énigme la plus facile à percer. Si nous apprenons au collège, en cours de biologie, qu'une fille a ses règles tous les vingt-huit jours et qu'une fois enceinte elle ne les a plus, ce n'est jamais que de la théorie.

D'abord parce qu'il ne saurait être question d'une femme ou de la femme mais *des* femmes, d'êtres humains, donc, dotés même d'une âme, paraît-il, dont la savante mécanique n'obéit pas à une science exacte. Le cycle menstruel peut ainsi se montrer très capricieux, pour des raisons biologiques (des ovaires dit « polykystiques », par exemple, syndrome assez répandu) ou pour des raisons plus psychologiques (fatigue, stress, forte émotion). De nombreuses femmes ont un cycle menstruel irrégulier, erratique, long de quarante jours, voire de deux ou trois mois, et en tout cas très éloigné de la régularité d'un métronome. Elles ne seraient donc pas forcément alarmées par une absence de règles persistante.

Ensuite parce qu'une grossesse n'exclut pas la survenue de saignements réguliers. Environ 10 à 15 % des futures mères perdent du sang ponctuellement, tous les mois, pendant la grossesse. Ces saignements, dus à la dégradation d'une partie de la muqueuse utérine, partie où l'embryon ne s'est pas implanté, sont sans conséquences dommageables pour le développement de celui-ci, mais en revanche très trompeurs pour la femme qui pense avoir ses règles et n'être donc pas enceinte.

Enfin, de nombreux dénis surviennent chez des femmes qui utilisent un contraceptif oral. Le fonctionnement d'une pilule contraceptive est simple mais peut induire en erreur : chaque mois, elle est prise pendant vingt et un jours aux cours desquels elle libère des hormones dans le corps. Au bout de ces vingt et un jours, la patiente cesse de prendre sa pilule pendant sept jours. Cet arrêt entraîne la chute soudaine du taux d'hormones qui provoque à son tour le délitement de la muqueuse utérine, et donc des saignements. Ce sont, en quelque sorte, des règles artificielles qui n'ont rien à voir avec la réalité d'un cycle menstruel. Ces saignements, là encore, peuvent perdurer pendant une grossesse. Comme si le message envoyé par les hormones contenues dans le contraceptif était plus fort que le message envoyé par les hormones de grossesse. La victime d'un déni, ignorante de son état gravide, continue consciencieusement de prendre sa pilule. Et constate donc, à chaque fin de cycle ou presque, la survenue de règles qu'elle interprète comme la preuve d'une non-grossesse.

La vie comme si de rien n'était

Autre aspect assez stupéfiant de ces grossesses niées ou ignorées, les femmes continuent de mener, souvent jusqu'à l'accouchement, une vie absolument normale. En octobre 2005, Silvia Cristina Gustavo Rocha, vingt-trois ans, membre de l'équipe brésilienne de basket-ball, a accouché d'un petit garçon. Trois jours auparavant, totalement ignorante de son état, elle participait encore aux tournois avec son équipe. Son entraîneur la trouvait « un peu lente ». Cathy, quant à elle, travaillait encore comme aide-soignante dans une maison de retraite le jour où elle a mis au monde sa fille. Cécile, avouée dans un barreau du Nord, assistait à une audience quelques heures avant d'accoucher. Helen, la veille de son accouchement, fêtait dignement Noël, à grand renfort d'alcool et de kebabs. Estelle, vingt-quatre ans, a tenu un stand dans une kermesse, debout toute la journée, avant de ressentir, la nuit suivante, les premières contractions.

Un bébé discret

Après les interrogations sur la persistance des règles, c'est en général l'objection préférée des sceptiques, au premier rang desquels figurent les femmes ayant pratiqué l'haptonomie à haute dose : un bébé, ça bouge, ça fait des galipettes, ça donne des coups de pied, ça entre en interaction avec le papa dès qu'il pose sa main sur le ventre. Oui, dans le monde merveilleux de la maternité assumée et revendiquée, c'est à peu près ce qui se produit. Dans celui, plus hésitant et plus trouble, de la maternité zappée, d'une part le fœtus bouge très peu, d'autre part la mère va interpréter ses mouvements d'une façon bien différente. Elle parlera de ballonnements, de gaz, de gargouillis dans les intestins.

« Le coup de pied d'un bébé, je sais très bien à quoi ça ressemble ! s'exclame Karine. Lorsque j'ai accouché de mon deuxième fils, après un déni total, j'avais déjà un bébé de quinze mois. Ma première grossesse était récente. Mais ça n'avait rien de comparable. Je n'ai jamais senti ce bébé bouger comme j'avais senti le premier. »

Des échographies prolongées montrent d'ailleurs le fréquent manque de concordance entre les perceptions maternelles et la réalité des mouvements fœtaux.

La contagion du déni

Mais comment a-t-il pu ne rien voir ? La question s'adresse en général au mari. Sa formulation porte en elle la réponse attendue, un fort *a priori*. Il savait, forcément, que sa femme était enceinte. Le procureur d'Angers a ainsi justifié la mise en examen de Jean-Louis Courjault pour « complicité d'assassinat » : « Il ne pouvait pas ne pas savoir. » Peut-être ce magistrat aurait-il dès lors dû poursuivre pour le même motif l'amie de Véronique Courjault qui dit avoir pratiqué du yoga avec elle, l'avoir vue en justaucorps et n'avoir jamais deviné une grossesse. Ou sa belle-famille, qui affirme avoir été présente lorsqu'elle se baignait dans la piscine familiale et n'avoir rien remarqué.

Si l'on admet qu'une femme puisse elle-même ignorer ou refouler sa grossesse jusqu'au jour de son accouchement, on peut assez bien concevoir que même un conjoint très attentif ne voie pas ce qui devrait normalement crever les yeux. C'est bien parce que ces grossesses ont pour première caractéristique d'être invisibles qu'elles sont découvertes très tard, voire quand il est trop tard. Les maris ne regardent peut-être pas assez leurs femmes, l'indifférence supplante peut-être trop souvent l'amour, mais doit-on vraiment les clouer au pilori pour ne pas avoir vu ce que même des médecins ne voient pas ? Car, au-delà de la cécité involontaire du conjoint et de l'entourage proche, il y a celle du corps médical. Elles sont nombreuses à raconter avoir passé une visite médicale annuelle dans le cadre de leur activité professionnelle, à six ou sept mois de grossesse, auprès d'un médecin qui ne décèle rien.

À la basketteuse Silvia Cristina Rocha, on a diagnostiqué un kyste ovarien. Idem pour Fathia, qui passe, à huit mois de grossesse, une radio pour des douleurs récurrentes dans le ventre et à la hanche. Le radiologue évoque un kyste ovarien calcifié. Le kyste en question ne survivra pas, un mois plus tard, à l'accouchement clandestin de sa mère. Anne a quarante-deux ans lorsqu'elle donne naissance à son fils, debout dans la cuisine, stupéfaite de se découvrir enceinte. Depuis des mois elle se plaignait de douleurs dans le dos, de sciatiques. Trois jours avant l'accouchement, le médecin était venu l'ausculter et n'avait rien noté de particulier. Un grand classique aussi, le diagnostic de colites néphrétiques posé pour des femmes qui sont en plein travail. En général, lorsque la poche des eaux se rompt, le praticien revoit son premier jugement.

Déni massif, déni partiel

La notion même de déni de grossesse n'étant pas répertoriée comme une pathologie à part entière, sa définition, les acceptions et les réalités que recouvre le terme sont mouvantes. « Le déni de grossesse est un symptôme plus qu'une pathologie spécifique, et il n'existe pas de modèle théorique susceptible d'expliquer l'ensemble des cas observés [1] », explique le psychiatre Bernard Durand. Le consensus des psychiatres existe sur le déni massif, c'est-à-dire ces femmes qui affirment avoir découvert avec effarement leur grossesse au moment où la tête de l'enfant apparaissait entre leurs jambes. La communauté scientifique s'accorde à reconnaître que le déni peut s'avérer partiel. La femme prend tardivement mais clairement conscience de sa grossesse entre le cinquième et le huitième mois.

1. Bernard Durand, « Manifestations psychopathologiques de la grossesse », *La Revue du praticien*, n° 53, 2003.

Certaines se pensent enceintes de deux mois, vont consulter et découvrent qu'elles sont dans leur sixième mois. D'autres tombent des nues lorsqu'elles apprennent, au détour d'un examen médical (les médecins ne passent pas toujours à côté d'une grossesse !) qu'elles vont accoucher dans trois ou quatre mois. Il est fréquent que les symptômes, absents tout au long du déni, se manifestent dès que celui-ci est levé. Une fois pleinement conscientes de leur état, ces femmes prennent du ventre en quelques jours. Irène n'avait aucun signe de grossesse mais un doute qui subsistait malgré la prise de la pilule. Elle est allée consulter son gynécologue. À l'échographie, elle était visiblement enceinte de six mois. « Le soir même j'ai ressenti des contractions, des douleurs dans les seins et mon ventre s'est mis à s'arrondir. »

Le débat porte plus sur ces femmes qui subissent d'abord un déni partiel, ne découvrant pas leur grossesse avant la fin du premier trimestre, puis qui semblent basculer dans le refoulement ou la dissimulation. Elles se trouvent alors dans un entre-deux sur lequel les spécialistes ne s'accordent pas forcément. De nombreuses études sur le déni de grossesse excluent volontairement les adolescentes qui seraient plus sujettes à la dissimulation qu'au déni. « Il est parfois difficile de faire la part entre le déni et la dissimulation consciente comme on en observe lors de grossesses adolescentes, pour lesquelles le déni, s'il existe, est beaucoup plus celui de l'entourage[1] », expose ainsi le docteur Bernard Durand. Pour le docteur Jacques Lansac, président du Collège national des gynécologues obstétriciens, interrogé par *La Nouvelle République* au moment de l'affaire Courjault, le déni et la dissimulation sont au contraire synonymes : « Dans le déni de grossesse, la femme ne veut pas de l'enfant et cache sa grossesse à tout le monde. En rentrant le ventre. C'est une grossesse niée[2]. »

Le docteur Michel Libert, pédopsychiatre à Lille, considère le déni à travers le prisme de la gradation. Il expliquait ainsi en juin 2006, à la barre des assises de Douai où était jugée une mère pour le meurtre de son nouveau-né : « Il existe trois sortes de déni. Un complet, jusqu'au terme de la grossesse, un partiel, levé en cours de grossesse, et un plus atypique ou "mineur". La femme est dans le même temps dans le déni et la dissimulation. Elle sait intellectuellement qu'elle est enceinte mais ne peut pas investir cette grossesse. »

Dans une enquête très détaillée à laquelle le docteur Libert a participé, un paragraphe est consacré à cette limite ténue entre la grossesse ignorée, la grossesse niée et la grossesse cachée. « Cette méconnaissance de l'état de grossesse peut être plus partielle, et

1. Bernard Durand, « Troubles psychiatriques de la grossesse et du post-partum », *La Revue du praticien*, n° 51, 2001.

2. Brigitte Barnéoud, « La grossesse cachée », *La Nouvelle République*, 13 octobre 2006.

ce de deux manières différentes. D'une part, certaines femmes prennent conscience plus tardivement de leur état qu'habituellement, après cinq mois de grossesse. Parfois, ce sont elles qui s'en aperçoivent, souvent du fait de la perception des mouvements du fœtus. D'autres fois, c'est le médecin, consulté pour divers symptômes, qui le leur révèle. D'autre part, et plus rarement, la représentation de la grossesse affleure de manière intermittente à la conscience, dans une sorte de va-et-vient perpétuel. En tout cas, elles font comme si elles n'étaient pas enceintes, elles ne se sentent pas enceintes. [...] Parmi ces femmes qui prennent conscience tardivement de leur grossesse, certaines gardent ensuite le secret, et l'on passe progressivement d'une phase initiale de déni à une seconde phase de dissimulation [1]. »

En mai dernier, lors du congrès annuel de l'Association américaine de psychiatrie, le docteur Susan J. Hatters-Friedman a fait une communication sur le déni de grossesse [2]. Elle a bien pris soin de parler, tout au long de son intervention, de *denial or concealment of pregnancy*, « déni ou dissimulation

1. Colette Pierronne, Marie-Annick Delannoy, Carole Florequin et, Michel Libert, « Le déni de grossesse : à propos de cinquante-six cas observés en maternité », *Perspectives Psy*, vol. 41, n° 3, juin-juillet 2002.

2. Communication de Susan J. Hatters-Friedman au 159e congrès annuel de l'Association américaine de psychiatrie à Toronto en juin 2006. Susan J. Hatters-Friedman est l'auteur de plusieurs articles scientifiques sur l'infanticide et le déni de grossesse, dont « Child murder by mothers : a critical analysis of the current state of knowledge and a research agenda », *American Journal of Psychiatry*, septembre 2005.

de grossesse », distinguant ainsi pour sa part clairement les deux phénomènes.

La problématique du déni partiel appellerait-elle autant de définitions qu'elle connaît de spécialistes ? Le docteur Daniel Zagury, expert psychiatre, a pour sa part, lors d'un autre procès récent, avancé l'hypothèse d'un « déni de l'inéluctabilité du terme » : l'investissement de l'enfant est suspendu, mis entre parenthèses. La femme sait qu'elle est enceinte mais est incapable de se projeter.

Ce pourrait être moi, ou vous

Le déni de grossesse véhicule une foule d'idées reçues concernant la population qu'il touche, idées reçues qui ont la vie dure, y compris dans le milieu médical : le déni concernerait essentiellement les ados, les malades mentaux ou les femmes socialement démunies. Tout faux. Il y en a, bien sûr. Mais elles ne constituent pas l'essentiel de ces grossesses invisibles. La persistance de ces stéréotypes est intéressante. Elle joue peut-être un rôle de protection. Comme si découvrir et accepter l'absence de profil type revenait à affronter soudain la part trouble, voire sombre, de la maternité, à reconnaître que chaque femme porte en elle une ambivalence parfois mortifère face à la grossesse. Le déni est susceptible de toucher toute femme en âge de procréer.

Un phénomène pas si rare

Les études épidémiologiques ne sont pas nombreuses sur le déni, qui semble, par définition, assez difficile à comptabiliser. Sur une période de sept années, les psychiatres qui travaillent en réseau sur les maternités de Valenciennes, Roubaix et Lille ont rencontré, sur deux mille cinq cent cinquante patientes, cinquante-six femmes souffrant de déni, dont vingt-neuf jusqu'au bout de leur grossesse. Pour recenser le phénomène, l'une des méthodes consiste à relever dans les maternités des hôpitaux le nombre de déclarations tardives de grossesse ou de grossesses non suivies.

Lors de sa communication sur le déni de grossesse au 159e congrès annuel de l'Association américaine de psychiatrie, Susan J. Hatters-Friedman a ainsi expliqué comment les chercheurs de son département ont recensé les cas qu'ils ont étudiés : « Après avoir passé au crible les trente mille naissances qui ont eu lieu dans leur institution au cours des sept dernières années, les chercheurs ont identifié quatre-vingt-une femmes qui n'avaient pas été suivies pendant leur grossesse. Parmi elles, soixante et une avaient été victimes d'un déni, et vingt avaient dissimulé leur grossesse. »

Les quelques enquêtes menées en France et à l'étranger donnent pratiquement toutes une fourchette de un à trois cas de déni de grossesse pour mille naissances. En pourcentage, ce n'est pas énorme, en valeur absolue, cela représente un grand nombre de femmes. À raison de huit cent mille naissances en France, on obtient un nombre de dénis fluctuant entre huit cents et deux mille quatre cents cas par an. Soit, sur les vingt dernières années, entre seize mille et quarante-huit mille cas. Étant donné le caractère souvent stupéfiant de ces histoires, c'est en tout cas beaucoup plus fréquent qu'on ne peut le penser.

Des femmes de tous milieux et de tous âges

Pour certains chercheurs, les adolescentes seraient plus sujettes à la grossesse dissimulée qu'au déni. Parmi les femmes qui découvrent leur état au moment des premières contractions, les très jeunes filles ne sont en effet pas si nombreuses. Dans l'enquête menée sur cinquante-six cas par des médecins du nord de la France, la moyenne d'âge est de vingt-six ans, avec des extrêmes de quatorze et quarante-quatre ans. Une étude datant de 1993, menée au CHU de Poitiers, rapporte dix-huit dénis massifs dont la moyenne d'âge est de 22,9 ans. L'Américaine Susan J Hatters-Friedman note, pour sa part : « Les femmes étaient plus âgées que prévu, dans le groupe des dix-huit à vingt-neuf ans plutôt que chez les adolescentes. »

Concernant l'origine sociale, là encore on constate une certaine disparité. Oui, certaines mères vivent dans des conditions précaires, sont très peu diplômées, d'une intelligence à la limite de la normale. Mais parmi toutes ces femmes dont la grossesse passe inaperçue, une bonne partie n'appartiennent pas au quart-monde, ont un travail, une famille, des amis. Pour preuve, celles dont l'histoire sera ici racontée : Cathy, employée dans une maison de retraite, Karine, aide-soignante, Laetitia, animatrice dans une garderie d'enfants, Estelle, élève infirmière, Cécile, avouée.

Peu de troubles mentaux

Bien sûr, le déni s'avère fréquent chez les toxicomanes ou les psychotiques, mais l'inverse n'est pas vrai. La proportion de femmes souffrant d'une pathologie mentale diagnostiquée parmi les cas de déni de grossesse n'est pas significative.

Des primipares et des multipares

Le fait d'avoir déjà eu un ou plusieurs enfants n'immunise pas contre le déni de grossesse. Cathy, Karine, Céline, l'Anglaise Carly venaient à peine d'accoucher de leur premier enfant lorsqu'elles ont enchaîné avec une deuxième grossesse passée complètement inaperçue. Dans leur cas, les bébés semblent s'être glissés dans le sillage des premiers, ni vu ni connu, comme ces resquilleurs qui se collent à vous pour franchir gratuitement le tourniquet du métro. Anne, elle, avait une grande fille de seize ans et était proche de la ménopause lorsque son fils est arrivé par surprise. Irène, Sophie, Sandrine avaient déjà porté trois ou quatre enfants. Sans être pour autant capables de déceler, dès les premiers mois, les symptômes d'une grossesse.

Pas de prime à la naissance pour le bébé-surprise

« Oui, on peut dire que je suis un peu ronde. Je mesure un mètre soixante-quinze et je pèse quatre-vingt-quinze kilos. C'est peut-être en partie pour ça qu'à vingt-quatre ans, le 26 juin 2006, je suis devenue maman sans avoir jamais remarqué que j'étais enceinte.

« Je vis avec mon ami depuis le mois de septembre 2005. Nous sommes très heureux ensemble. Il travaille dans une banque et je poursuis mes études. J'étais jusqu'à présent en pharmacie mais j'ai préféré me réorienter vers des études d'infirmière. Nous avions déjà parlé d'enfants, nous en voulions ensemble mais à long terme, pas avant quatre ou cinq ans ! J'ai été enceinte du mois de novembre au mois de juin sans m'en apercevoir. Je prenais la pilule et j'ai donc continué à avoir mes règles. J'étais un peu fatiguée mais pas de façon excessive.

« Au mois de janvier, alors que j'arrivais, sans le savoir, dans mon troisième mois de grossesse, j'ai été prise de vomissements pendant toute une semaine. Pour moi, c'était forcément le stress des examens. Je ne suis pas allée chez le médecin car je ne m'écoute pas beaucoup et je ne prends pas le temps de consulter au moindre bobo. Bien sûr, j'ai un peu grossi mais, franchement, pas de façon significative. Je n'ai jamais changé de taille de vêtement. Personne dans mon entourage ne m'a fait de réflexion sur une éventuelle prise de poids. Les gens que je voyais plus occasionnellement m'ont dit après coup que je me tenais de façon très cambrée. Mon ami, en tout cas, ne s'est rendu compte de rien. La veille de l'accouchement, j'ai participé à une kermesse d'école car mon père est instituteur. Je tenais un stand et j'ai passé la journée debout, sans problème particulier. Le soir nous avons assisté à un grand repas, là encore sans souci. Cette nuit-là, avec mon ami, nous dormions chez mes parents.

« Vers 23 heures, j'ai commencé à avoir mal au ventre. Comme je suis sujette aux colopathies, je ne me suis pas trop inquiétée. Les douleurs venaient puis repartaient, par intermittence. Au milieu de la nuit, je suis allée aux toilettes et j'ai constaté que je saignais. Là, oui, je me suis alarmée. Je suis allée réveiller ma mère. Elle m'a demandé si j'avais déjà oublié ma pilule. J'ai répondu que oui, ça m'était arrivé quelquefois. Elle a pensé que je faisais une fausse couche. Mon ami m'a emmenée aux urgences.

Il est resté dans la salle d'attente pendant que le médecin me recevait. Je connaissais déjà ce docteur. Il travaille avec ma mère qui est cadre dans cet hôpital. Ma sœur est également infirmière aux urgences. C'est de famille ! Il a tout de suite eu des soupçons, rien qu'à ma façon de me tenir. Il m'a questionnée sur mes règles, la prise de ma pilule, et il a demandé une prise de sang. Puis il m'a palpé le ventre et il a immédiatement compris que j'avais des contractions. Il m'a dit : "Tu vas avoir un bébé." J'ai fondu en larmes. Pas par rapport à cet enfant qui venait, je ne réalisais pas vraiment. Mais par rapport à mon copain. J'étais bien avec lui et j'ai eu peur qu'il ne le prenne très mal et qu'il me quitte.

« Ma sœur est allée le trouver une première fois dans la salle d'attente. "Tu dois bien t'en douter, elle est enceinte." Elle est restée dans le vague. Puis on m'a montée au bloc et ils sont allés le chercher. Nous nous sommes retrouvés face à face à l'étage. Nous ne nous sommes pas parlé. Il a juste pris ma main, sans un mot, et j'ai senti qu'il allait être avec moi. Hugo est né à 8 h 21 du matin. Il pesait 3,3 kilos pour 51 centimètres. Avec le recul, il me semble que la douleur était tout à fait supportable. Lorsque je suis arrivée à l'hôpital j'étais déjà dilatée à huit. Finalement, je ne regrette pas que ce soit arrivé comme ça, à l'improviste. Je n'ai pas eu le temps de demander la péridurale ! J'ai pu accoucher de façon tout à fait naturelle. Et le papa a pu assister à l'accouchement. Car il m'avait toujours dit qu'il serait hors de question pour lui d'être présent. Là, il n'a pas eu vraiment le choix. Dès qu'Hugo est sorti de mon ventre, nous avons demandé s'il allait bien. Je ne fume pas et je bois très modérément mais je ne m'étais pas vraiment ménagée pendant ces neuf derniers mois.

« Nous avons eu peur car les examens ont montré que j'avais été contaminée par la toxoplasmose pendant la grossesse – il a fallu attendre deux mois pour être certains qu'Hugo ne l'avait pas attrapée à son tour. J'ai commencé à réaliser ce qui m'arrivait le soir du 26 juin, lorsque je me suis retrouvée toute seule dans la chambre avec mon bébé. Je l'ai regardé et je me suis dit : “Voilà, c'est une autre vie qui commence.” Je crois que j'ai accepté très vite la maternité. J'ai en revanche regretté de ne pas avoir profité de ma grossesse. Je m'étais souvent imaginée enceinte. Je me disais que je parlerais à mon bébé. Là, on ne peut pas dire que je me sois beaucoup adressée à lui pendant ces neuf mois. Mon ami s'est de son côté très vite senti père. Il n'a jamais douté de ma parole. Ce n'est pas le cas de tout le monde. Ma mère a d'abord pensé que j'avais caché ma grossesse. Je crois qu'elle s'en voulait de n'avoir rien vu.

« Dans mon entourage, certains continuent de ne pas croire à mon histoire. Je me suis un peu endurcie maintenant mais cette suspicion me fait très mal. La première fois que nous avons appelé la caisse d'allocations familiales, depuis la maternité, nous avons eu l'impression d'être pris pour des fous. L'interlocutrice ne comprenait pas pourquoi la grossesse n'avait pas été déclarée, elle pensait que nous l'avions fait exprès. Nous avons finalement obtenu l'ouverture de nos droits pour ce bébé. Mais nous n'avons jamais touché la prime à la naissance de 800 euros. Elle est versée au septième mois de grossesse et il était trop tard pour nous. Je trouve ça très injuste. Nous n'avons pas de gros moyens, je suis étudiante, cet enfant n'était pas prévu, nous en avons au moins autant besoin que les autres ! À croire que j'étais la seule dans mon cas.

« Je me suis sentie un peu rassurée quand j'ai entendu parler du déni dans une émission de Jean-Luc Delarue. C'était la première fois que j'entendais prononcer ce mot. Ça fait du bien de savoir qu'on n'est pas seule à vivre une telle expérience. Avec mon ami, nous nous sommes dit que désormais, au moindre symptôme, j'irais consulter. Et puis je crois que je vais m'écouter un peu plus. »

Estelle, vingt-quatre ans, élève infirmière, maman d'Hugo, né le 26 juin 2006.

Père et mère à égalité face à l'incroyable nouvelle

« Nous n'avions pas vraiment envisagé d'avoir d'enfant. En tout cas, pas dans l'immédiat. C'était un vague projet. À un moment donné, j'ai trouvé que le corps de Laetitia avait changé. Ce n'était pas tant qu'elle avait grossi mais ses seins n'étaient plus les mêmes. À tel point que je lui ai posé la question : "Tu es sûre que tu n'es pas enceinte ?" Elle m'a répondu par la négative. Elle prenait la pilule, elle avait ses règles, elle ne comprenait pas pourquoi je m'interrogeais. La pilule entraîne parfois chez les femmes des modifications morphologiques. D'ailleurs, dans notre entourage, personne n'a rien remarqué. Elle est d'un gabarit normal et, lorsqu'elle était habillée, rien ne laissait penser qu'elle pouvait être enceinte.

« Quelque temps plus tard, j'ai insisté. Elle avait des maux de dos, je lui ai recommandé de voir un médecin. Elle a pris rendez-vous pour le lundi suivant. La veille de ce rendez-vous, le dimanche, donc, ses douleurs lombaires se sont accentuées. Elle pensait avoir une infection urinaire. Je l'ai laissée à la maison pour aller faire le marché. Lorsque je suis rentré, Laetitia avait toujours très mal. J'ai appelé un médecin. Il l'a examinée et l'a regardée d'un air ahuri : "Mais vous êtes enceinte !" Elle a fait non de la tête. Elle semblait ne pas le croire. Le médecin a confirmé son diagnostic et elle a bien été obligée de l'accepter. Une ambulance est venue nous chercher. Deux heures plus tard, Camille naissait à l'hôpital. Elle pesait 2,75 kilos et mesurait 48 centimètres. *A priori*, elle est née à terme.

« J'ai assisté à l'accouchement mais je me suis senti un peu potiche. Tout est allé très vite. Comme la grossesse n'avait pas été suivie, les médecins étaient inquiets. Nous aussi, d'ailleurs. Pendant ces neuf mois, nous étions sortis, nous avions fait la fête, Laetitia avait consommé de l'alcool. Ils ont emmené Camille presque tout de suite. On a vu notre bébé cinq secondes. C'était assez difficile à vivre. Je suis ensuite resté trois heures à la maternité. J'ai appelé ma mère. Elle avait vu Laetitia la veille. Je lui ai dit : "J'ai une grande nouvelle. Je t'annonce que tu es grand-mère." Elle m'a corrigé : "Non, je *vais* être grand-mère." J'ai insisté : "Non non, tu es grand-mère depuis deux heures. C'est une petite fille, elle s'appelle Camille." Il y a eu un grand blanc. J'ai ensuite appelé des amis qui ont des enfants, je leur ai dit que je passais les voir avec une bouteille de champagne. Ils m'ont prêté des vêtements.

« Le lendemain, j'ai convoqué tous nos copains dans un bar, je leur ai montré les photos de Camille que j'avais prises la veille avec mon appareil numérique. J'ai demandé : “À votre avis, qui est-ce ?” Évidemment, personne n'a pu me répondre. Et personne n'a voulu me croire. Comment avais-je pu ne pas le voir ? Comment avais-je pu n'avoir que quelques doutes ? Comment avait-elle réussi à me cacher ça ? Moi, je sais qu'elle n'a rien caché. Elle est vraiment tombée des nues quand le médecin lui a dit qu'elle était enceinte. Je l'ai vu sur son visage. J'ai pris une bonne claque, c'est certain ! Mais voilà, de toute façon, un jour ou l'autre, j'aurais voulu un bébé. Je n'ai eu aucun mal à l'accepter. Je me suis senti père tout de suite. Bien sûr, j'éprouve un manque en comparaison de tous ceux qui peuvent annoncer une grossesse, la vivre pendant neuf mois, partager cette attente avec les amis et les parents. D'un autre côté, je me sentais à égalité avec Laetitia. Nous avons tout vécu en même temps ensemble, en quelques heures.

« Si j'ai le sentiment d'en avoir pris plein la figure pendant un mois après la naissance, ce n'est pas lié à une éventuelle difficulté à me positionner par rapport à cette petite fille que j'ai faite mienne tout de suite. Plutôt à cause de la logistique qu'il a fallu mettre en place. Les jours qui ont suivi l'accouchement ont été très compliqués. L'appartement était en travaux et je venais justement de prendre des congés pour finir les peintures. Alors, quand j'ai annoncé à mon employeur que j'allais être moins disponible, il n'a pas bien compris...

« Camille a aujourd'hui plus d'un an, elle va très bien. Nous sommes retombés dans une certaine normalité. J'ai essayé de comprendre. J'ai fait des recherches sur internet. J'en ai discuté avec Laetitia, je l'ai incitée à voir un psy. Je ne veux pas trop la bousculer. Je crois que nous n'avons toujours pas mis de réponses en face de nos questions. »

David, trente-cinq ans, responsable d'un service informatique, en couple depuis trois ans avec Laetitia, trente-trois ans, animatrice dans une garderie d'enfants, papa de Camille, née le 11 septembre 2005.

La naissance d'un concept aux forceps

Le déni de grossesse, l'étude de sa genèse, des premières observations cliniques du phénomène à la naissance même du concept, frappe par la similitude évidente, d'un siècle à l'autre, des gestes et des mots de toutes ces femmes. Malgré la pseudo-maîtrise de la natalité, la contraception, la libération sexuelle, les échographies en trois dimensions, les tests de grossesse en vente sur internet par lots de dix, les femmes de l'an 2000, faisant écho aux petites paysannes du XIXe siècle, peuvent encore dire, expulsant leur bébé : « Je ne savais pas que j'étais enceinte. » De la même façon, la persistance, à travers les époques, des mêmes réactions suscitées par ces grossesses invisibles laisse songeur. Le doute, la suspicion, l'interrogation dédaigneuse l'emportent encore. Des médecins continuent régulièrement de passer à côté d'une grossesse lorsqu'ils examinent une femme enceinte de sept ou huit mois ignorante de son état.

L'erreur est humaine et ce n'est peut-être pas le plus grave.

Ce qui est plus problématique, en revanche, c'est qu'une partie du corps médical continue de manifester son effarement et ses doutes quand une femme affirme avoir confondu ses contractions avec une bonne gastro. Karine l'exprime très bien lorsqu'elle raconte son accouchement inattendu à son domicile : « Je n'ai commencé à paniquer que lorsque le médecin du Samu arrivé sur les lieux a refusé de me croire. Je me suis alors dit : "Si lui ne me croit pas, qui le fera ?" » La littérature médicale, pourtant, s'est, par à-coups, du XIXe siècle à nos jours, considérablement enrichie sur la question.

Le déni est en effet évoqué dès le milieu du XIXe siècle par les médecins mais au détour d'interrogations portant sur l'infanticide, et non en tant que tel. Ainsi, comme le rapporte Nadine Gorre-Ferragu dans sa thèse soutenue en 2002, le docteur Marcé, élève du docteur Esquirol, poursuivant les travaux de son maître, expose en 1858 le cas de Rosalie Prunot, jugée en 1847 par la cour d'assises de la Marne pour infanticide : « Depuis quelque temps, on soupçonnait chez elle une grossesse ; un jour, elle se leva comme à l'ordinaire et se mit à l'ouvrage, mais elle dut y renoncer : un médecin appelé examina la malade et finit par lui faire avouer qu'elle était accouchée pendant la nuit. Elle déclara en même temps que l'enfant n'avait pas vécu et qu'elle l'avait caché sous la paille au grenier. Ce fut là qu'on le trouva en effet ; il avait autour du cou un cordon fortement serré et noué par un nœud dit “rosette” ; à l’audience, elle finit par avouer qu’elle avait en effet serré un cordon autour du cou du nouveau-né, mais elle assura qu’à ce moment elle avait la tête complètement perdue. Elle ne connaissait pas sa grossesse, dit-elle : effrayée par la venue des premières douleurs, altérée par la vue de l’enfant, elle a eu l’esprit égaré et sa main a fait ce que désavouait son cœur : “Si j’avais pu réfléchir, je n’aurais pas agi ainsi ; je suis jeune, j’aurais gagné assez pour me nourrir, moi et mon enfant.” Le défenseur établit que l’accusée était réellement folle au moment de l’accouchement : cette folie était si réelle, ajouta-t-il, que la malheureuse laissa au cou de la victime le cordon qui avait servi à donner la mort. Le jury prononça le verdict d’acquittement[1]. »

Ce médecin évoque d’autres cas de femmes semblant avoir ignoré leur grossesse jusqu’au moment de l’accouchement. Pour autant, il n’y accorde pas une grande importance. Comme si la parole de ces parturientes était forcément sujette à caution, comme si l’énormité de leurs dires entraînait *de facto* un discrédit, un désintérêt justifié. D’ailleurs, en 1874, un médecin légiste et criminologue, Tardieu, qui rapporte les propos de femmes accusées d’infanticide, les assortit de guillemets tout aussi insistants.

1. Nadine Gorre-Ferragu, « Le déni de grossesse : une revue de littérature », thèse de médecine, département de médecine générale de l’université de Rennes, 2002.

Il écrit ainsi : « Leur déclaration est fort simple et, on peut dire, stéréotypée : "J'ai été prise d'un besoin subit, je ne me savais pas près d'accoucher, et pendant que j'étais sur le siège, l'enfant est sorti et est tombé... sans que j'aie pu l'en empêcher..." [...] quelques-unes vont plus loin et disent ne pas s'en être aperçues. » Tardieu ne s'appesantit pas sur ces déclarations qu'il semble considérer comme une relecture, après coup, de l'événement.

Naïma Grangaud, auteur elle aussi d'une thèse sur le déni de grossesse, évoque les travaux de deux autres médecins d'autrefois : « En 1898, Gould regroupe sous la dénomination "grossesses inconscientes" neuf observations retrouvées dans la littérature de grossesses méconnues, première tentative à notre connaissance d'en faire une entité clinique. En 1900, Brouardel, médecin légiste, développe dans l'un de ces livres, un chapitre qui s'intitule "Une femme peut-elle être enceinte à son insu ?". Il n'apporte pas de réponse claire à cette question[1]. » Naïma Grangaud note enfin que l'expression « déni de grossesse » n'apparaît dans la littérature psychiatrique que dans les années 1970. Le terme « déni » s'apparente alors à un concept précisément défini par la psychanalyse : il s'agit d'un mécanisme de

1. Naïma Grangaud, « Déni de grossesse, essai de compréhension psychopathologique », thèse de médecine, Paris, 2001. L'auteur a également publié un article intitulé « Psychopathologie du déni de grossesse », *Perspectives Psy*, vol. 41, n° 3, juin-juillet 2002.

défense consistant en un refus par le sujet de reconnaître la réalité d'une perception traumatisante[1].

Plusieurs études seront réalisées dans les années 1980 et 1990 par des psychiatres en France et à l'étranger. Le déni a même donné lieu à de nombreuses observations pendant ces deux décennies, observations de spécialistes destinées à d'autres spécialistes, restées confinées dans des revues médicales, dans des ouvrages instructifs mais confidentiels.

Le déni a ainsi connu, depuis les années 1980, trois destinées parallèles dans trois univers bien distincts. Dans la littérature médicale, il a pris de plus en plus de consistance, ses contours se sont précisés, sa réalité est devenue plus tangible. Dans la cité, dans l'inconscient collectif, il a plané mollement, apparaissant au détour d'un article de presse insolite ou d'une anecdote de médecin de famille, vite relégué au rayon des histoires abracadabrantes. Dans les cours d'assises, c'est à peine s'il a été convié.

En 2002, l'étude réalisée dans le nord de la France par quatre médecins et sobrement intitulée « Le déni de grossesse : à propos de cinquante-six cas observés en maternité » constitua un tournant. Limpide, illustrée d'exemples plus saisissants les uns que les autres, portée par des médecins soucieux de pédagogie, cette enquête est à elle seule une invitation à

1. Jean Laplanche et Jean-Bertrand Pontalis, *Vocabulaire de la psychanalyse*, Presse universitaires de France, 1973.

comprendre la réalité et les mécanismes du déni. Depuis environ dix ans, le déni de grossesse suscite de plus en plus d'intérêt et de productions scientifiques, en France comme ailleurs. Pour autant, il n'a pas encore gagné ses galons de pathologie reconnue, clairement identifiée, dûment répertoriée. Il ne figure ainsi pas en tant qu'entité nosographique dans le *DSM* (*Diagnostic and Statistical Manual of Mental Disorders*), sorte de *Journal officiel* de la psychiatrie publié aux États-Unis. En 1990, année de sa quatrième et dernière révision, des médecins ont proposé que le déni de grossesse dispose lui aussi d'un chapitre dans le *DSM*. Pour le moment sans succès. En mai 2006, l'Association américaine de psychiatrie, qui regroupe trente-six mille praticiens en santé mentale, a, lors de son 159e congrès annuel, et pour la première fois, consacré une de ses communications au déni de grossesse.

S'il n'est pas clairement identifié comme une pathologie à part entière, le déni de grossesse s'invite quand même souvent, parfois en force, dans les cours d'assises. Désormais, lorsqu'une femme est poursuivie pour le meurtre de son nouveau-né après l'accouchement, l'hypothèse du déni de grossesse survient toujours à un moment ou à un autre de la procédure. Les avocats se renseignent, naviguent sur internet, découvrent, souvent stupéfaits, un monde étonnant où la grossesse est tout sauf triomphante et rebondie. Les experts viennent déposer leurs conclusions, évoquent un déni massif ou partiel, parfois un « déni de l'inéluctabilité du terme », comme le formule Daniel Zagury, psychiatre. Ils parlent de l'état de choc ou de sidération, de la panique, de l'absence de préméditation, ils concluent, ou non, à l'altération du discernement. Et la femme écope d'une peine de sursis, d'un an ou de huit ans de prison ferme. Cela dépend. De la force de conviction des experts, de la prestation de l'avocat de la défense, de la capacité d'assimilation et de compréhension des magistrats et du jury populaire.

En résumé, la sphère médicale continue d'approfondir ses connaissances en matière de déni. La justice découvre, depuis peu et avec encore quelques réticences, ce phénomène aux conséquences parfois irréversibles. Reste l'opinion publique qui, confrontée tous les jours aux ventres réjouis de celles qui revendiquent leur maternité, ne veut, ne peut pas croire les autres, les sans-ventre.

Julie ou la colite néphrétique réinventée

Julie, la mère de Manon, raconte son histoire.

« Le faire-part de naissance de Manon est assez explicite : “Si vous voulez apprendre à faire un bébé en quarante-huit heures, venez nous voir.” J’avais dix-huit ans, je venais de terminer mon BEP cuisine et j’étais en apprentissage en pâtisserie. Mon copain et moi avions chacun notre appartement mais nous dormions régulièrement l’un chez l’autre. Dans la nuit du 4 novembre 2002, j’ai été prise de violentes douleurs au ventre. J’ai souffert comme ça pendant deux heures dans mon lit, sans comprendre ce qui m’arrivait. Mon ami s’est un peu affolé. Il m’a dit : “Mais il faut appeler quelqu’un !” Une ambulance est venue me chercher. Aux urgences, le premier médecin qui m’a examinée a diagnostiqué une colite néphrétique. Il m’a administré du Spasfon. Vers 7 ou 8 heures, on m’a changée de service. Je souffrais toujours autant. Un deuxième médecin est venu. Il a confirmé le diagnostic. Comme les douleurs perduraient, un troisième médecin est passé. Lui, il a tiqué, il s'est dit que quelque chose n'allait pas. J'ai eu une prise de sang et des analyses urinaires et une heure plus tard il est revenu me dire que j'étais enceinte. "Vous êtes au début de votre grossesse et vous faites très certainement une fausse couche."

« Ils ont alors décidé de me faire une échographie. Et là, je les ai tous vus se décomposer. Le médecin s'est tourné vers moi et m'a annoncé : "Eh bien, voilà, vous êtes à terme." J'avais dix-huit ans, je ne savais même pas ce que ça voulait dire. J'ai posé la question. Et la réponse m'a stupéfiée : "Votre bébé arrive." J'ai fondu en larmes, je ne pouvais pas y croire. Je les ai tous insultés, traités de bons à rien, d'incapables. J'étais paniquée.

« Pour moi, c'était de l'ordre de l'impossible. J'avais bien pris un peu de poids, trois kilos peut-être, mais j'avais mis ça sur le compte des gâteaux que je mangeais pendant mon apprentissage. J'étais de corpulence normale et personne dans mon entourage ne m'avait fait de réflexion sur mon poids. Je prenais la pilule. Elle était microdosée et je n'étais certes pas très régulière, j'avais dix-huit ans ! Mais j'avais mes règles, donc pour moi tout était normal. Je n'ai perçu aucun mouvement. Un mois avant l'accouchement, j'ai ressenti de fortes douleurs dans le ventre. J'ai passé une visite du travail à la même période. Le médecin qui m'a auscultée m'a palpé l'abdomen et les seins. Il a juste lâché : "Vous avez le ventre tendu.” Deux semaines avant la naissance de Manon, je suis allée voir mon médecin généraliste pour mes maux de ventre. D’après lui j’avais une gastro. Dans ces conditions, je pouvais difficilement me douter de quoi que ce soit.

« Lorsque Manon est venue au monde, j’ai été en proie à deux sentiments assez contradictoires. D’un côté, dès que je l’ai vue, dès qu’on l’a déposée dans mes bras, je l’ai trouvée tellement belle que je me suis dit : “Oui, c’est ma fille.” Elle pesait 3,3 kilos pour 48 centimètres et était en parfaite santé. D’un autre côté, je ne cessais de me demander, en la regardant : “Mais comment a-t-elle pu être dans mon ventre ? D’où vient-elle ? Qu’est-ce que c’est ?” C’était beau et c’était étrange.

« Alors que j’étais à la maternité, ma mère m’a appelée. Elle avait compris que j’étais à l’hôpital mais ne savait pas pourquoi. Comme je venais de passer mon permis, elle a cru que j’avais eu un accident. “Non, non, je vais bien. Et toi, tu es grand-mère.” Elle m’a alors demandé : “Vous allez le garder ?” J’ai ri : “Maman, tu n’as pas bien compris. Elle est déjà là. Elle s’appelle Manon, elle pèse 3,3 kilos.” Ma famille l’a plutôt bien pris. Mon copain a très bien réagi. Tout de suite, dès que Manon est arrivée, il m’a dit : “Ne t’inquiète pas, on va gérer.” Tout le monde s’est mobilisé puisque nous n’avions strictement rien, nous n’habitions même pas ensemble ! Très vite, j’ai su m’occuper de ma fille. Je crois qu’on apprend sur le tas. Comme je connaissais quelqu'un à la caisse d'allocations familiales, j'ai su comment procéder pour avoir les aides. Un médecin m'a établi un certificat médical attestant que je n'étais pas au courant de ma grossesse.

« En revanche, j'ai dû quitter mon travail car je n'ai pas eu droit aux congés de maternité. Les relations avec l'administration n'ont pas toujours été simples. Depuis, j'ai eu une autre petite fille, Maëlis, avec le même compagnon. Ce n'était pas une grossesse programmée, je prenais la pilule – décidément ! Mais cette fois je m'en suis rendu compte tout de suite. Mes règles se sont arrêtées. Pour cette deuxième maternité, j'ai pris beaucoup de ventre... et beaucoup de poids, plus de vingt kilos. Je crois que j'ai voulu rattraper tout ce que je n'avais pas vécu pour Manon. Avec le recul, je trouve que c'est une belle histoire. Si elle est là, c'est qu'elle devait y être. »

Accoucher sur ses toilettes quand on pense avoir une cystite

Un enfant, un seul. Pour tout lui donner, pour ne se consacrer qu'à lui, pour lui permettre d'exister pleinement. Parce que si le cœur peut se démultiplier à l'arrivée de chaque bébé, les journées, elles, n'ont que vingt-quatre heures. Forcément, avec plusieurs enfants, il faut savoir saucissonner son attention. Et à force de s'éparpiller pour être un peu avec tout le monde, on n'est finalement avec personne. Karine, trente-cinq ans, aide-soignante dans une maison de retraite, a quatre frères et sœurs. Elle était l'enfant du milieu, compressée, pas visible. Sa mère lui a décrit l'accouchement comme un long martyr, elle qui se serait volontiers contentée d'un enfant et qui n'a eu de cesse de le lui répéter.

Quand Karine découvre, à trente-quatre ans, qu'elle est enceinte, elle est ravie. Cet enfant est désiré, attendu, son conjoint, Pierre, est enchanté.

Comme il n'y en aura pas d'autres, il va falloir profiter de cette grossesse, vivre pleinement chaque moment. Karine prend des cours de yoga, de respiration. Elle effectue ce qu'elle appelle un « travail sur soi ». Elle n'est pas une gamine, elle fait même presque partie de ce que les médecins appellent les « maternités tardives », elle souhaite maîtriser au maximum cette aventure, en être une actrice à part entière. Karine le reconnaît volontiers, elle a besoin d'être dans le contrôle, ça la rassure. Le gynécologue qui la suit, lui, est tout sauf rassurant. Il est sec, cassant, blessant. À croire que les douces rondeurs de ses patientes n'ont aucun effet apaisant sur lui. À croire qu'il a oublié à quel point c'est fragile, une femme enceinte. À six mois de grossesse, alors qu'elle n'a pris que quelques kilos, il la trouve trop grosse et lui ordonne de se mettre au régime légumes verts. Au moment des premières contractions, la jeune femme a pris douze kilos, pile dans la moyenne. Quand elles surviennent, ces contractions, Karine découvre alors, un peu étonnée, qu'on ne peut pas toujours être dans la maîtrise. Elle essaie de se souvenir de ses cours. Elle prend une douche pour se détendre, préfère rester debout pour avoir le sentiment de dompter la douleur. Elle ne sait plus comment elle est censée respirer. Quand la contraction arrive, cette dernière prend un malin plaisir à brouiller son cerveau.

Arrivée à la maternité, Karine ne serait pas contre une petite péridurale. La sage-femme, en guise de réconfort, lâche d'un ton distrait : « Ça va passer. » L'anesthésiste demeure introuvable. On le cherche, on le bipe, on l'attend. Ce jour-là, les femmes n'auront qu'à penser à leurs mères. Pour Karine, de toute façon, c'est trop tard. Le col est complètement dilaté, le bébé arrive, il faut pousser. Elle ne comprend pas ce qu'on attend d'elle. Elle a l'impression de pousser de toutes ses forces mais pour les blouses blanches autour d'elle, ce n'est jamais assez. Enfin, il est là. Un beau petit garçon, Victor, qui a tous ses doigts, qui crie, qui n'a mis que six heures pour venir au monde. Karine a besoin d'une journée pour s'approprier ce nouveau-né, pour laisser monter en elle le sentiment d'appartenance, la conscience que cette peau, après avoir été dans la sienne, sera désormais tout contre. Pour comprendre ce passage du dedans au dehors qui rend son bébé soudain étranger. Son mari, lui, nage dans le bonheur béat du père.

La mère et l'enfant rentrent à la maison. Karine s'active. Elle est en pleine forme. Elle perd très vite ses kilos superflus grâce à une alimentation équilibrée et à de l'exercice régulier. Elle a de toute façon toujours préféré les légumes cuits à la vapeur aux plats en sauce et aux fritures. De sa grossesse, elle ne garde qu'une taille de soutien-gorge supplémentaire.

Elle gère le quotidien, la maison, les tâches ménagères, Victor, mais aussi le mari, qui, finalement, ne rechigne pas à se voir pris en charge. Elle aime ça, Karine, être partout à la fois, comme une petite fuite en avant. D'ailleurs, pour elle, le congé maternité dure trop longtemps. Opinion peu répandue chez les jeunes mamans qui réclament généralement un allongement de ce congé ou au moins une possible modulation. Six semaines avant la naissance, dix semaines après, certaines d'entre elles réclament un congé prénatal plus court et un congé postnatal plus long pour être plus longtemps auprès de leur bébé. Car lorsque se profile la reprise du travail, la jeune mère doit affronter trois sources d'angoisse : se séparer de son enfant, le confier à une ou à des inconnues selon le mode de garde choisi, se confronter de nouveau au monde du travail avec cette interrogation récurrente : vais-je être à la hauteur ?

Karine, elle, serait presque soulagée à l'idée de reprendre le chemin de la maison de retraite où elle est employée comme aide-soignante. Elle adore son fils mais voilà, elle ne supporte pas de se retrouver confinée chez elle en tête à tête avec un nouveau-né. Les interactions mère-enfant l'émeuvent et l'amusent mais ne la comblent pas. Elle a besoin d'échanger avec des adultes. Et son travail lui plaît. Début octobre, elle est de nouveau sur le pied de guerre. En décembre, elle se sent fatiguée, stressée par des problèmes familiaux. Elle constate un retard de règles de quinze jours et s'en inquiète, bien que, depuis Victor, elle prenne la pilule. Le médecin qu'elle consulte lui prescrit une prise de sang, pour déceler une éventuelle grossesse. Le résultat, négatif, infirme l'hypothèse de la grossesse. Karine ne se sent pas particulièrement nauséeuse, elle n'éprouve aucune douleur, aucun tiraillement dans le bas-ventre, sa poitrine n'a pas gonflé. L'annonce d'une nouvelle grossesse l'aurait surprise. Au cycle suivant, ses règles réapparaissent. Les saignements continueront de survenir régulièrement, à chaque fin de cycle. Karine prend toujours sa pilule contraceptive. Elle se sent plutôt en forme. Ses collègues lui demandent si elle envisage d'avoir un deuxième enfant. Mon Dieu, Victor n'a que quelques mois, ne peut-on la laisser souffler ? Les femmes ne sont tout de même pas des pondeuses ! Surtout pas elle qui, en bonne malthusienne, ne veut qu'un enfant. Elle répond évasivement, détourne la conversation.

Au mois d'avril, Karine déprime. Elle s'ennuie, ressent une étrange langueur, elle, l'hyperactive. Elle trompe cet accès de mélancolie avec des sucreries. Pour quelqu'un qui a toujours plutôt fait attention à son régime alimentaire, la sanction tombe très vite : plus six kilos en quelques semaines, et plutôt sur les hanches. Karine s'en veut de ce laisser-aller mais son mari la rassure : ces nouvelles rondeurs lui vont bien. Il la préfère comme ça. Elle n'est pas au mieux de sa forme qu'elle trouve soudain assez déclinante. Fatigue, souffle court, petite tachycardie, douleurs gastriques, elle se décide à consulter son généraliste. Il écoute son cœur, ses poumons, prend sa tension, la fait monter sur la balance. Le médecin constate en effet une prise de poids. Il ne s'en alarme pas et prescrit du Gaviscon pour l'estomac. Un peu plus tard, Karine se rend à sa visite médicale annuelle. Elle subit un deuxième examen. Le médecin lui demande de passer une radio pulmonaire qu'elle aurait dû effectuer l'année précédente. Un peu négligente avec la prévention, elle oubliera de nouveau de se soumettre à cet examen. L'été passe. Victor va bien, il a plus d'un an, il commence à prononcer quelques mots identifiables, il a fait ses premiers pas.

Dans la soirée du 30 août, Karine éprouve des difficultés à s'endormir. Elle tourne et se retourne dans le lit conjugal, ferme les yeux, attend le sommeil qui ne vient pas. Elle se sent lourde, éprouve une étrange pesanteur dans le bas-ventre. Depuis le matin elle rencontre des difficultés pour uriner. Sa vessie semble pleine mais refuse de se vider. Elle se lève et se rend aux toilettes, dans la salle de bains attenante. La pression dans son ventre, au niveau du pubis, s'accentue, mais aucune goutte d'urine ne s'écoule. Karine n'a absolument pas mal, ni dans le ventre, ni dans le bas du dos. Elle est toujours assise sur la cuvette des toilettes, silencieuse, car rien ne justifie qu'elle se mette à crier. Au bout d'un quart d'heure elle comprend que la pression ressentie au niveau du périnée commence à changer de nature. Quelque chose de « démesuré » est en train de sortir. Elle regarde entre ses jambes et aperçoit une tête. Elle se sent incroyablement calme et pose des mots sur cette soudaine réalité. « Tiens, c'est une tête. »

Parce qu'elle sent instinctivement que ce sera plus confortable pour elle, Karine se lève et, dans un même mouvement, le corps tout entier sort de son vagin. Elle l'attrape, le tient bien en main, se rassoit. Ce qui vient de sortir se met à crier. Karine comprend que la tête et le corps forment un tout, réalise que, oui, c'est bien un bébé. Elle compte, de façon mécanique, les pieds, les mains, les orteils et les doigts. Elle est là sans être là, elle se regarde agir. Karine appelle son mari. Elle essaie de contrôler sa voix, elle anticipe le choc. Plus loin, dans le couloir, Victor se met à pleurer. Elle entend Pierre sortir du lit. Il va chercher Victor. Il ouvre la porte de la salle de bains. Il est là, debout, dans l'embrasure de la porte, Victor ensommeillé dans les bras. Il la voit assise par terre. Il voit le bébé dans ses bras, il voit le sang, sur l'enfant, sur le sol. Il oublie que c'est lui qui porte Victor. Il croit qu'elle lui a fait du mal. Il ne comprend pas qu'il y a deux bébés. En serrant compulsivement le petit garçon qu'il croit en danger, il s'écrie : « Mais qu'est-ce que tu lui as fait ? Mais qu'est-ce que tu lui as fait ? » Pierre reprend ses esprits, il aura toute la vie pour essayer de comprendre. Il appelle les secours. Karine garde l'enfant contre elle. Elle sait que c'est le sien. Elle n'a plus beaucoup de certitudes, elle se sent aux confins de quelque chose qui la dépasse. Une porte pourrait s'ouvrir et un courant l'aspirer vers le noir. Mais ce bébé sort de son ventre. Cela, elle en est sûre.

Lorsqu'elle raconte son histoire au médecin du Samu, lorsqu'elle explique qu'elle ne se savait pas enceinte, il refuse de la croire. « Ce n'est pas possible. Vous mentez. » Alors, pour la première fois depuis cet accouchement atypique, Karine se sent mal. Si un médecin refuse de la croire, comment son entourage, sa famille, ses collègues, les gens de son quartier réagiront-ils ? Le médecin prend l'enfant pour le réchauffer. La mère et le bébé sont emmenés à l'hôpital. Là-bas, elle trouve le personnel très courtois. Personne ne met de mots sur ce qui lui est arrivé. Victor, en voyant son petit frère, croit qu'il s'agit du bébé de sa voisine de chambre. Un pédopsychiatre rend visite à Karine. Il dédramatise, lui explique que ce qui vient de se produire peut arriver à tout le monde, lui parle de « fait divers ». L'expression la choque. Le médecin la met en garde contre un éventuel syndrome de stress post-traumatique. En clair, elle devra être vigilante, s'attendre à un retour d'anxiété qui pourrait se manifester de façon violente. Karine est aux aguets. Elle se prépare à la vague de panique, aux symptômes bizarres, aux hallucinations.

Bastien a bientôt deux mois et elle se sent plutôt bien. Elle maîtrise. Ce n'est pas le cas de tout le monde. Pierre, lui, revit chaque soir cette scène traumatique. Il revoit le bébé ensanglanté dans les bras de sa mère sur le sol de la salle de bains, il revit la panique qui l'a saisi alors, quand il a cru qu'elle avait fait du mal à Victor. Pierre ne peut s'occuper de Bastien. Il le pense trop « fragile ». Le bébé ne l'est pas, assurément, né à terme avec un poids de

3,2 kilos. C'est un nourrisson décrit comme alerte par le pédiatre qui le suit. Ce que Pierre cache derrière cet adjectif, « fragile », il n'arrive pas encore clairement à l'expliquer.

L'annonce de cette naissance a provoqué quelques interrogations. « Karine vient d'avoir un deuxième enfant. » C'est ainsi que Pierre avertit ses parents qui, un peu choqués, en concluent que la jeune mère a souhaité rester discrète sur cette grossesse. Karine a prévenu son employeur et ses collègues : « Je ne pourrai pas venir travailler, je dois me mettre en congé maternité, je viens d'accoucher. » La jeune femme tente de raisonner posément. Bastien est là, c'est ainsi. Victor et lui sont en bonne santé. Comme c'est étrange, le décalage entre ces deux grossesses et ces deux accouchements. Pour Victor, l'enfant désiré, Karine évoque la douleur, le sentiment de perte de contrôle malgré la préparation, cette colère, presque, d'avoir été obligée de s'en remettre à un personnel plus soucieux de maîtriser la technique que de prodiguer de l'empathie. Il lui aura fallu une journée pour s'approprier son bébé. Avec Bastien, pas d'anticipation, pas de projection, pas de cours de yoga ou de respiration. Un accouchement indolore de bout en bout, sans médecin, sans sage-femme, sans aide. Un accouchement assumé seule, comme si, avec ce deuxième bébé très rapproché, elle avait pu se réapproprier une naissance dont elle s'était sentie dépossédée pour le premier. Avec le recul, elle comprend qu'elle a eu de la chance. Elle n'a pas paniqué, a eu le réflexe d'appeler son mari. Elle sait que le choc peut tout balayer, le bon sens, l'amour, l'évidence. Elle le dit : « C'est trop. » Trop fort, trop soudain, trop violent.

Expliquer l'incroyable

Puisqu'elles ne sont pas folles, ces femmes dont l'inconscient dicte sa loi au corps, qu'ont-elles donc de si particulier, dans leur vécu, dans leur relation à l'autre, dans leur façon d'être, qui permette d'expliquer ce phénomène insensé ? Se poser cette question, c'est ouvrir la boîte de Pandore. Si l'on écoute le docteur Daniel Ajzenberg, psychiatre, expert auprès des tribunaux, il faut remonter très loin dans l'histoire de ces parturientes particulières pour approcher la clé du mystère. « Le déni met en cause le désir d'enfant. Il montre une altération profonde de l'identité maternelle et féminine. C'est un aboutissement et non un point de départ. Il met en cause l'histoire de la jeune mère avec sa propre mère. »

Cependant le docteur Ajzenberg, en tant qu'expert auprès des tribunaux, voit essentiellement le déni à travers le prisme, un peu déformant, de l'infanticide. Comme avaient tendance à le faire Tardieu et Esquirol au XIXe siècle. L'analyse se révèle dès lors intéressante mais très partielle. Il sera plus facile de découvrir des traumatismes anciens, une tendance au clivage, des traits de personnalité *border-line* chez une femme qui vient de tuer son nouveau-né que chez une femme qui arrive tout simplement aux urgences en disant : « Oups, j'ai confondu des contractions avec une gastro. » Le docteur Ajzenberg s'insurge ainsi contre l'idée que n'importe quelle femme pourrait ignorer ou nier sa grossesse, expliquant qu'il faut porter en soi, depuis longtemps, les germes du déni.

Mais Estelle, Julie ou Cathy semblent parfaitement normales, saines, équilibrées, n'ayant pas avec leurs mères une relation particulièrement troublée. Des jeunes femmes visiblement pas plus névrosées que la moyenne. Car sinon, à ce compte-là, nous porterions toutes en nous une « altération profonde de l'identité maternelle et féminine ».

D'autres spécialistes ont exploré la piste du traumatisme pour expliquer ces grossesses mises sous le boisseau. Catherine Bonnet, psychiatre et psychanalyste qui rencontre des mères accouchant sous X et d'autres incarcérées pour infanticide, a relevé chez un grand nombre de ces femmes un déni en début de grossesse. Elle pose comme hypothèse que le déni de grossesse a bien souvent pour origine des traumatismes sexuels récents ou des maltraitances de l'enfance (maltraitance physique, sexuelle ou émotionnelle). Ces agressions n'auraient pas fait l'objet d'un traitement thérapeutique ou judiciaire au moment de leur survenue et la grossesse viendrait alors réactiver le traumatisme subi. Catherine Bonnet parle d'« enfant impensable ». Là encore, la psychiatre fait reposer ses hypothèses sur des entretiens avec des femmes plongées dans des situations particulièrement anxiogènes, l'accouchement sous X et l'incarcération après un infanticide. Proposerait-elle la même analyse après avoir rencontré des femmes qui ne sont jamais passées par la case justice et qui sont devenues les mères aimantes de ces enfants portés en creux pendant neuf mois ?

Les médecins du nord de la France qui ont travaillé pendant sept ans en maternité et non en prison et qui ont recensé au total cinquante-six cas de déni ne formulent pas les mêmes hypothèses que Catherine Bonnet : « Nos modalités de recueil, plus systématiques, et en maternité, expliquent-ils, nous obligent à considérer que, dans au moins la moitié des situations, il n'y a pas d'affect agressif exprimé, ni de geste destructeur vis-à-vis de l'enfant, et qu'après une phase courte de sidération les interactions semblent se mettre en route sans difficultés particulières. »

À partir de ces observations, les mêmes médecins s'interrogent : « Est-il légitime pour ces cas de généraliser l'hypothèse de pulsions meurtrières liées à un vécu traumatique de l'enfance ? Sans les rechercher systématiquement, car le contexte de l'entretien unique ou renouvelé une seule fois ne s'y prêtait pas, nous avons été attentifs aux antécédents de maltraitance ou d'abus sexuels. En fait, pour ces cas, une seule fois un inceste a été relaté. Ce qui apparaît plus souvent, c'est une relation œdipienne très serrée. Comme si le complexe d'Œdipe avait été insuffisamment refoulé. Elles décrivent un père très jaloux à leur égard, ou alors elles ont été amenées à prendre la place de leur mère dans la configuration familiale, à cause de son décès ou de son départ du foyer, et elles ont dû élever leurs puînés. Dans d'autres cas, le fonctionnement familial semble être en vase clos, l'individuation semble difficile. Il évoque davantage le registre de l'inceste. »

C'est pourquoi ces psychiatres ne rejoignent pas Catherine Bonnet : « En suivant son hypothèse selon laquelle la grossesse et l'arrivée d'un enfant réactualisent dans les cas de déni de grossesse une violence incestueuse subie par la mère, comment expliquer alors que les interactions précoces mère-enfant, pour la moitié des cas recensés, soient satisfaisantes, au moins dans les premiers jours, au point de parler d'idylle ? »

Il semble donc assez périlleux, en raison de la disparité des profils, des histoires, des situations, des réactions au moment de la naissance, de chercher à établir des causalités récurrentes. Mais dans certains cas se retrouvent des correspondances, des similitudes qui permettent un peu, juste un peu, de comprendre. À travers les études existantes et les affaires recensées pour ce livre, quelques hypothèses exogènes, conjoncturelles, en tout cas pas uniquement liées à la personnalité de ces femmes, émergent : une stérilité supposée qui altère le rapport à la maternité, des grossesses très rapprochées, le désir inconscient de vivre une grossesse non médicalisée, l'enfant de la honte, le poids de la famille, le bébé de trop.

Une stérilité supposée

Les cas de déni de grossesse chez des femmes relativement âgées, qui ont derrière elles un parcours d'infertilité ou qui se pensent en préménopause, ne sont pas rares. À mille lieues de se croire enceintes, elles sont dans l'incapacité d'interpréter les signes de grossesse comme tels. Un couple qui avait ainsi attendu pendant quinze ans d'avoir un enfant s'est retrouvé parent du jour au lendemain. Le mari, dépité, ne pourra s'empêcher d'en vouloir à sa femme : « Elle m'a volé une grossesse que j'avais désespérément attendue. »

Deux grossesses très rapprochées

Cette piste s'est imposée au terme du recueil des témoignages. Cathy, Céline, l'Anglaise Carly, Karine se sont toutes retrouvées enceintes, ont toutes fait un déni massif après une première grossesse très récente. La fille aînée de Cathy avait à peine deux ans lors de son second accouchement, le fils de Karine avait treize mois, celui de Céline à peine un an, celui de Carly onze mois. Presque tous sont des enfants de retour de couches. Elles n'avaient pas tout à fait perdu les kilos pris, pas retrouvé leur silhouette habituelle. La deuxième grossesse est donc passée inaperçue. Comme si cet enfant profitait du passage du premier pour se glisser en douce dans son sillage.

Le désir inconscient de vivre une grossesse non médicalisée

L'hypothèse semble plausible lorsqu'on lit attentivement le témoignage de Karine, celui de Cathy ou celui de Cécile. Le point commun entre ces trois femmes ? Une première grossesse, précédant le déni, vécue dans l'angoisse ou dans le sentiment d'être dépossédée de quelque chose. Karine a eu un premier enfant tout à fait désiré sans aucune complication. Pourtant, lorsqu'elle parle de cette première expérience, ce n'est pas, loin sans faut, avec des trémolos de bonheur dans la voix. Elle évoque la brutalité et la froideur d'un gynécologue qui la met au régime dès le sixième mois de grossesse alors qu'elle prend peu de poids. Elle parle également de la sage-femme, qui, le jour de l'accouchement, ne lui témoigne aucune empathie. Elle dit ainsi : « L'anesthésiste était introuvable, j'avais mal et tout ce que la sage-femme trouvait à me dire c'était : "Ça va passer." Je n'ai pas compris non plus ces histoires de poussée. Je poussais, je poussais et ça n'était jamais assez. Il m'a fallu une bonne journée ensuite pour comprendre que j'étais maman, pour apprécier. » Lorsque son second petit garçon vient au monde sans être attendu, dans la salle de bains, Karine, malgré le côté assez surréaliste de la situation, évoque pourtant et *a contrario* un moment de calme, dénué de panique et surtout de souffrance. Elle n'a pas senti une seule contraction, l'enfant est sorti très vite, presque tout seul. Elle a eu le réflexe de compter les doigts et les orteils et, paradoxalement, elle assure qu'elle s'est sentie mère immédiatement.

De la même façon, Cécile avait déjà vécu deux grossesses difficiles avant de nier la troisième. Elle avait perdu un premier bébé *in utero* à huit mois et, afin d'éviter le moindre risque, elle avait été hospitalisée trois mois avant le terme pour son deuxième enfant. L'importante médicalisation de cette grossesse, l'angoisse de mort qui ne l'a pas quittée jusqu'à l'accouchement ne sont certainement pas pour rien dans le déni qui s'est mis en place pour le troisième enfant. D'ailleurs, Cécile parle elle aussi d'un accouchement serein, bien qu'ayant lieu, comme pour Karine, au-dessus de la cuvette des toilettes. Elle explique avoir simplement poussé une ou deux fois, avoir accueilli l'enfant. Ce n'est que quelques minutes plus tard qu'elle va le croire mort, après avoir tenté de l'aider à respirer, et le déposer dans un sac.

Cathy, enfin, exemple non moins saisissant qui ouvre ce livre. La jeune femme échoue à se retrouver enceinte lors d'une première union et, lorsqu'elle y parvient avec son second compagnon, la grossesse et l'accouchement sont un vrai cauchemar. Elle doit s'aliter dès les premières semaines de gestation, prend vingt kilos, et accouche finalement à six mois à peine d'une petite fille très grande prématurée pour laquelle le pronostic vital reste réservé pendant quinze jours. Cette incapacité à mener sa grossesse à terme trouve une explication médicale imparable : l'utérus de Cathy est « bicorne » et le bébé, niché dans un demi-utérus, n'a pas suffisamment de place pour se développer au-delà de quelques mois de grossesse. Après ces semaines d'enfer, de retour chez elle avec un bébé certes fragile mais tiré d'affaire, elle se promet qu'il n'y en aura pas d'autre. À la naissance, après neuf mois de grossesse passés inaperçus, sa seconde fille pèse plus de 3 kilos. Cathy a fait mentir tout le corps médical, elle a porté cet enfant jusqu'au bout, sans stress particulier, sans avoir à rester alitée, sans revivre le calvaire de la première grossesse.

Le bébé de la honte

De nombreux dénis surviennent lorsque l'enfant ainsi refoulé est le fruit d'une liaison extraconjugale. Cette grossesse, qui devient la preuve de la trahison, de l'amoralité, du péché, est vécue comme impossible. Découverte souvent trop tard, lorsqu'il n'est plus possible d'avorter, elle fait l'objet d'un conflit intérieur impossible à résoudre, sauf par le déni.

Le poids de la famille

Les adolescentes ne sont pas les seules à craindre le jugement parental. Deux affaires, jugées – car elles se sont terminées par la mort du bébé – toutes deux en 1998, l'une à Toulouse, l'autre à Besançon, sont presque le décalque l'une de l'autre, dans deux milieux sociaux que tout oppose.

La première concerne une jeune femme d'origine maghrébine, Fathia. Elle a trente-cinq ans au moment des faits. Personnalité immature, d'intelligence très moyenne, elle est décrite par son entourage comme réservée, effacée, gentille, sympathique, serviable. Fathia n'a jamais quitté le domicile familial parce que les hommes que son père lui proposait en mariage ne lui convenaient pas. Ses parents, bien insérés dans la société française, ont conservé des principes religieux forts, principes peu soucieux de l'épanouissement personnel de la jeune femme.

Comme Fathia refuse les candidats qui lui sont soumis, elle a une vie affective et sexuelle réduite à néant. Elle n'a connu aucun flirt pendant l'adolescence et refuse très longtemps d'avoir des rapports sexuels puisque la sexualité hors mariage lui semble absolument inconcevable. Jusqu'au jour où elle croise, dans une fête, un inconnu. Elle raconte ainsi, à l'un des psychiatres mandatés auprès d'elle : « Ça s'est passé dans une fête de village, on est allés manger avec ma sœur et l'ami de ma sœur, j'ai rencontré ce garçon, un inconnu français, on a discuté, il me plaisait. On avait mangé, je suis sortie, il m'a dit : "On va faire un tour", je l'ai suivi, on est allés à la voiture. Il m'a proposé de faire l'amour en me disant : "Tu risques rien." J'ai répondu : "Il faut mettre un préservatif, je ne prends pas la pilule", il m'a dit : "Tu risques rien." Il insistait, j'étais tentée, j'avais un peu envie, quelque part j'étais un peu excitée, on a fait l'amour. Il était gentil, j'ai saigné un peu, c'était agréable, il a éjaculé, je lui ai dit : "Si je tombe enceinte ?", il m'a répondu : "Tu risques rien." »

Fathia vient de transgresser deux interdits : perdre sa virginité en dehors de toute union officielle et, de surcroît, avec un non-musulman. Elle se sait assez vite enceinte, à la fin du premier trimestre, mais ne dit rien et occulte complètement cette grossesse. Entre des parents arc-boutés sur leurs principes éducatifs, la peur du déshonneur et un frère qui joue les despotes gardiens de la morale, n'hésitant pas, à l'occasion, à faire usage de la force, la jeune femme ne trouve pas le courage d'avouer la vérité. Et, pendant neuf mois, personne, comme d'habitude, ne voit rien. Fathia se rend plusieurs fois chez son médecin généraliste, notamment pour une sciatique. Celui-ci l'ausculte mais ne pratique pas d'examen gynécologique puisque les motifs de ces visites ne le justifient pas. Une semaine avant l'accouchement, elle passe une radio. Le radiologue diagnostique... un kyste ovarien calcifié.

Fathia accouche dans sa chambre, en moins de vingt minutes, alors que, dans la cuisine, toute la famille l'attend pour dîner. Dans un premier temps, elle cache le bébé dans son lit, sous les couvertures. Lorsque sa mère et ses sœurs s'aperçoivent qu'elle se vide de son sang, elles appellent le médecin de famille. Ce dernier se doute d'une tentative abortive et fait venir les secours. Au moment où les ambulanciers se présentent, Fathia retourne dans sa chambre pour préparer ses affaires. Elle se saisit du bébé, ouvre la fenêtre et le jette. Aux psychiatres, elle expliquera : « J'ai accouché chez moi, j'ai eu la perte des eaux dans ma chambre, ç'a été rapide. Ça a commencé vers 19 h 30, ça s'est terminé une demi-heure après, je poussais, j'avais mal. J'ai coupé le cordon, il n'a pas crié, pour moi il était mort, il a pas bougé. La veille, je sentais plus rien, mes parents n'ont rien entendu, après je saignais, je l'ai épongé, ça n'a rien donné, j'ai dit : “Il est mort”, je l'ai mis sur une couette, c'était un petit garçon, je suis allée dans la salle de bains, ma sœur est venue. [...] C'est la gynécologue qui a porté plainte, j'ai dit que je l'avais mis dans le placard. On n'a rien trouvé et, par la fenêtre, ils l'ont vu. J'étais perdue, après on m'a recousue, j'avais une grave déchirure, au gynécologue j'ai dit : "Vous allez alerter les gendarmes." Après je suis restée à l'hôpital, j'étais très mal, c'était vraiment un calvaire. Mes parents sont venus me voir à la clinique, après j'ai dit toute la vérité, je regrettais de l'avoir jeté, je m'en mords les doigts, j'ai pas pensé à ma mère, j'étais perdue. Au début je faisais des cauchemars, ici au SMPR je suis suivie par un psychiatre, je n'aurai plus d'enfant, je ne veux plus entendre parler de me marier, je vivrais un autre cauchemar, les garçons c'est fini. »

La mère de Fathia (qui est en fait sa belle-mère) affirme pour sa part aux gendarmes : « Si j'avais trouvé l'enfant, je l'aurais gardé dans la chambre, j'aurais appelé la famille et j'aurais montré ce que Fathia avait fait. Pour moi, cet enfant est une honte. Dans ma religion, ce n'est pas accepté et la religion rejaillit sur toute la famille... Nous n'aurions pas gardé cet enfant, nous l'aurions donné. C'est toujours mieux que de le tuer. »

Dans le procès-verbal de flagrance dressé par les gendarmes, Fathia indique que cela fait environ quatre mois qu'elle est enceinte. À propos des événements, elle dit qu'il « y a eu une histoire de bébé ». L'expert psychologue qui a rencontré Fathia livre l'analyse suivante : « À l'issue d'un premier rapport sexuel, elle s'est donc retrouvée enceinte, par défaut d'information, par mauvaise préparation à la vie sexuelle. Réalisant tardivement son état, elle n'a pu accepter celui-ci par rapport aux interdits et exigences familiales particulièrement sévères. Dans ces conditions, elle a mis en place un processus de négation psychique jusqu'au terme de sa grossesse. C'est donc en toute logique qu'elle n'a pu admettre d'annoncer sa maternité et qu'elle a accouché dans des conditions très particulières, tentant, semble-t-il, sans succès, de réanimer son enfant, puis s'en débarrassant de manière encore une fois immature. [...] L'ensemble de ces éléments nous amène à considérer que s'il n'y a pas lieu de retenir l'abolition de son discernement, pour des raisons psychiatriques, qu'il convient d'éliminer, on ne peut que considérer, compte tenu de son immaturité affective, de ses carences informatives, de l'emprise psychique exercée par sa famille, que son initiative personnelle a pu être limitée et que les faits sont à comprendre dans ce contexte bien particulier. »

De leur côté, les psychiatres qui ont expertisé la jeune femme notent : « Nous devons nous pencher sur la non-perception des signes habituels de la grossesse, grosseur du ventre, signes extérieurs physiques de l'état de grossesse qui, chez elle, ont été inaperçus, ce que l'on voit souvent chez ces jeunes femmes qui cachent leur grossesse, comme si, derrière cette sorte d'éradication des signes révélateurs, se retrouvait là aussi une forte ambivalence par rapport au bébé, bébé qui existe dans la perception qu'elle en a dans son corps, mais, en même temps, bébé réprimé dans son expansion et qui ne se manifeste en rien sur l'état physique. Sorte de déni de la grossesse, équivalant potentiellement à une véritable pulsion infanticide symbolique, ne rien montrer de la grossesse équivaut dans l'inconscient à faire disparaître l'enfant d'une manière symbolique. Nous retrouvons dans presque tous les cas d'infanticide ce même type de comportement inconscient, montrant par là la très grande ambivalence de la mère par rapport à l'enfant, désir de garder l'enfant mais, en même temps, devant les difficultés tant conscientes qu'inconscientes, désir que, d'une manière magique, l'enfant ne soit pas vu, n'ait pas droit à l'existence. »

L'avocat de Fathia, maître Pierre Alfort, reconnaît avoir été assez secoué par cette affaire. « Ce qui m'a semblé fou, c'est notamment comment une femme qui ne vit pas sur une île déserte, qui est suivie par des médecins, peut passer à travers les mailles du filet. Neuf mois sans que personne ne s'en rende compte ? Si une seule personne l'avait vu, aujourd'hui cet enfant serait vivant. »

Lors de son procès, en novembre 2004 (six ans après les faits !), Fathia écopera d'une peine de cinq ans de prison dont un an ferme, ce qui couvrait la détention provisoire déjà effectuée.

L'histoire d'Adèle fait un peu écho à celle de Fathia. Ces deux jeunes femmes, dont les trajectoires devaient être tout sauf parallèles, ont vécu la même année, en 1998, à un mois et demi d'intervalle, un drame similaire. Fathia, un cœur simple, victime presque consentante d'un lourd carcan familial et religieux, enceinte d'un Français de souche, face à Adèle, bonne petite Française enceinte d'un immigré syrien, personnalité falote prisonnière des convenances d'un milieu petit-bourgeois un brin borné. Des nouveau-nés qui meurent de la même façon, jetés par la fenêtre, dans un même contexte d'emprise parentale, dans deux milieux sociaux que tout, pourtant, oppose.

À en croire le portrait dépeint par l'avocat pénaliste qui l'a défendue en mars 2000 et que j'ai contacté au cours de mon enquête, Adèle était effacée, un peu enveloppée et mal dans sa peau. Une personnalité en retrait, tout en douceur, qui préfère se fondre dans le paysage plutôt que d'attirer l'attention. En 1998, cette jeune femme de vingt-cinq ans, ergothérapeute dans un hôpital, fréquente un médecin. De quoi plaire à des parents notables de province, soucieux du respect des convenances et d'une certaine endogamie. Seulement voilà, le médecin est syrien et âgé de quarante-cinq ans, ce qui ne fait pas de lui le gendre idéal. Les parents d'Adèle ne cachent pas leur hostilité à cette liaison. Le dernier week-end d'octobre 1998, toute la famille se retrouve en province pour le baptême du petit dernier, le neveu d'Adèle, né quelques semaines plus tôt. La nuit du 24 au 25 octobre, la jeune femme partage une chambre d'hôtel avec un autre de ses neveux âgé de six ans. Aux alentours de minuit, elle est prise de violentes douleurs au ventre et accouche à quatre pattes dans la baignoire d'un bébé de 3,8 kilos. Lors de son procès[1], entre deux sanglots, elle expliquera : « Au départ, je croyais les douleurs dues à des coliques. Je ne me suis rendu compte que quand j'ai senti la tête de l'enfant. »

Déjà un peu ronde, elle a peu grossi. Un mois plus tôt, elle a bien eu quelques doutes mais, depuis six mois, elle prenait la pilule... Et puis personne, autour d'elle, n'a remarqué quoi que ce soit. Pas même son amant. Pas même ses collègues, tous membres du milieu médical. Un psychiatre, qui a rencontré la jeune femme pendant l'instruction de son affaire et qui s'avoue surpris de constater à quel point son corps s'est rendu complice, explique : « L'absence de regard des autres a conforté Adèle dans son déni. » Aussi, lorsque ce bébé naît au milieu de la nuit, la jeune femme se confronte soudain à une impensable réalité. Elle coupe le cordon avec un coupe-ongles et ses dents, prend l'enfant dans ses bras, lui parle mais le trouve « très bleu ». « Il ne bougeait pas, il était comme inexistant. » Elle nettoie

1. Le compte rendu de ce procès a fait l'objet de deux articles signés par Sophie Dougnac et publiés les 17 et 18 mars 2000 par *L'Est républicain.*

la salle de bains, jette le placenta dans la poubelle et le bébé... par la fenêtre.

Dans son lit, son neveu se réveille à peine. Adèle se recouche. Le lendemain matin, ses proches constatent que la jeune femme ne se sent visiblement pas bien. Elle perd beaucoup de sang. Un médecin est dépêché à son chevet, qui diagnostique... une crise hémorroïdale aiguë. À l'hôpital, le gynécologue qui l'examine infirme ce premier diagnostic. Pour lui, c'est évident, cette patiente vient d'accoucher. Il avertit immédiatement le parquet. Les policiers retrouvent le corps de l'enfant sur le toit du restaurant de l'hôtel. L'entourage de la jeune femme est sous le choc. Rassemblés pour fêter la naissance d'un enfant, ses proches apprennent, stupéfaits, la mort de ce bébé dont ils ignoraient totalement l'imminente venue au monde.

La belle-sœur d'Adèle, maman du petit baptisé, expliquera à la barre, absolument bouleversée : « J'étais moi-même enceinte en même temps qu'Adèle, mais bien sûr nous l'ignorions. Je ne me suis rendu compte de rien. Ce qui me fait d'ailleurs culpabiliser : nous étions très proches. Quand nous avons appris qu'elle avait jeté le bébé par la fenêtre, c'était comme un cauchemar. On a pensé à une crise de folie. J'avais envie de la gifler et de la serrer dans mes bras en même temps. J'ai eu l'impression que ce n'était pas elle qui avait fait cela. »

C'est bien elle, pourtant. Au procès, chacun essaie de comprendre pourquoi cette fille docile, gentille, de caractère étal a commis un acte pareil. L'accusée elle-même a du mal à faire coïncider la représentation qu'elle a d'elle-même et l'image de la mère infanticide. Aux questions de la présidente du tribunal, elle répond souvent : « Je ne comprends pas. » Elle assure aussi : « C'est un peu incohérent, mais ce bébé je l'aime. Il me manque, il fait partie de ma vie. » Alors pourquoi ? Pourquoi un bébé jeté par la fenêtre après une grossesse occultée ? « Je parlerai dans son cas d'une sorte de méconnaissance et d'ignorance de sa grossesse pour des raisons psychologiques », avance l'expert psychiatre qui a rencontré Adèle. Il rappelle que cette personnalité soumise est à l'époque des faits déchirée entre son ami, d'origine syrienne, vingt ans de plus qu'elle, et ses parents, peu favorables à cette liaison.

« Quand le drame est arrivé, le ciel m'est tombé sur la tête, se souvient la mère. Je ne me doutais de rien. Pour elle, intérieurement, notre attitude vis-à-vis de son ami a sans doute beaucoup joué. On aurait dû casser la glace et reconnaître qu'elle l'aimait. » Le père fait lui aussi son *mea culpa* : « On n'a pas favorisé le libre dialogue. » Le compagnon de la jeune femme, le père du bébé, explore également l'hypothèse familiale : « Il y avait un amour puissant, étouffant et envahissant de la part de sa mère. On ne lui a pas laissé la possibilité de s'épanouir, de vivre sa vie de femme. »

Le bébé de trop

Certaines maternités deviennent impensables, inacceptables, inenvisageables parce qu'elles surviennent chez des femmes qui ont déjà plusieurs enfants et qui aimeraient bien s'arrêter là. Une grossesse peut s'apparenter au plus grand des bonheurs, et les premiers bébés ont certainement comblé ces mères-là. Mais quand les maternités se succèdent alors qu'on fait tout pour les empêcher, l'idée même d'une grossesse, d'un ventre qui se remplit devient insupportable.

L'histoire de Sandrine illustre ce « bébé de trop ». Si l'on s'arrête à la simple lecture des faits, cette histoire semble, comme toujours, sordide. Dans la nuit du 22 au 23 février 2001, Sandrine, trente-sept ans, mère de cinq enfants, accouche à son domicile. Lorsque son mari la découvre en sang dans son lit, il l'emmène à l'hôpital, pensant qu'elle vient de faire une fausse couche. Les médecins qui l'auscultent constatent immédiatement un accouchement à un stade avancé, avertissent les services de police qui retrouvent quelques heures plus tard le corps de l'enfant dans un sac caché dans une armoire.

Maître Philippe Simoneau a obtenu en 2004 l'acquittement de la jeune femme. Il en parle avec une émotion non feinte. Sa rencontre avec elle l'a visiblement ébranlé et semble lui avoir fait prendre conscience d'une dimension jusque-là ignorée de la féminité. Complexe, dense, ambivalente. Là encore, une mère courage, décrite comme exemplaire, asservie par une hyperfécondité, qui retrouve lors de la gestation la maîtrise du corps perdue au moment de la fécondation, impossible quant à elle à contrôler.

Sandrine est une jolie femme de corpulence tout à fait standard, des cheveux blonds mi-longs, qui consacre l'essentiel de son temps à ses cinq enfants âgés de cinq à seize ans au moment des faits. Fille aînée d'une famille nombreuse, elle a dû jouer les mères de substitution pour ses frères et sœurs. Elle n'a pas vraiment eu d'adolescence, n'a pas connu les soirées pyjamas à glousser entre filles, les boums de collégiens et les sorties au cinéma avec les petits amis. Contrairement à la Céline d'Hugues Aufray, elle a fini par quitter sa tribu pour en fonder une à son tour. Sans transition, elle est passée du foyer parental au domicile conjugal. Comme le dit son avocat, « elle a toujours eu la charge de quelqu'un, n'a jamais été juste une femme, ne s'est jamais occupée d'elle ».

Un premier enfant vient, puis un deuxième, un troisième. Et encore deux. Le mari, dessinateur industriel, bon bougre pas très diplomate, commence à trouver pesantes ces maternités à répétition. « Tu es une vraie lapine. Fais ce qu'il faut pour ne pas être enceinte. » Sandrine prend la pilule. Mais elle fait partie de ces femmes pour lesquelles ça ne suffit pas. Le stérilet ? C'est au-dessus de ses forces. Lorsqu'elle était adolescente, Sandrine a dû porter des prothèses auditives. Elle en a été très marquée et, depuis, elle ne peut plus supporter l'intrusion d'un corps étranger dans son corps. Elle a bien demandé une ligature des trompes mais un médecin lui a répondu : « En France, madame, on ne ligature pas les trompes d'une femme en bonne santé qui a la chance de pouvoir procréer. »

Alors Sandrine doit faire avec les moyens du bord, quelques fausses couches précoces et, une fois, un avortement. Quand elle se rend compte qu'elle attend un sixième enfant, parce qu'elle le sent bouger, elle se dit que ce n'est pas possible. Elle n'en peut plus. Sandrine a des projets, des envies. Elle adorerait aller à la bibliothèque. Dîner à deux, en amoureux avec son mari, reprendre un travail. Et elle le dira à l'audience : « J'en avais marre qu'on me prenne pour une lapine. » Comme les autres, elle fait comme si. Comme si ce bébé n'existait pas, comme s'il n'allait pas falloir qu'il sorte un jour, comme s'il allait s'évaporer, par magie. Une photo d'elle prise deux jours avant l'accouchement, au parc Eurodisney, montre une femme plutôt mince. Elle a tellement occulté cette grossesse que, lorsque les contractions surviennent, elle pense à une fausse couche. Son mari s'est endormi devant la télévision, elle-même s'est étendue dans sa chambre près de sa petite dernière qui aime bien commencer sa nuit dans le lit de ses parents. Sandrine accouche ainsi sans une plainte tandis que sa fille dort à ses côtés.

Et accoucher dans la plus totale retenue relève, en ce qui la concerne, de l'exploit. Car l'enfant se présente par le siège, ce qui rend l'expulsion beaucoup plus périlleuse. Surtout, il se produit un phénomène rarissime qui devrait faire hurler la jeune femme de douleur : son utérus, au moment de la sortie du bébé, se retourne. Elle regarde le bébé et le voit mort. Elle a le temps de couper le cordon avec une paire de ciseaux, de déposer l'enfant dans un drap, de le mettre dans un sac-poubelle et de le cacher dans le placard de sa chambre, pour, dira-t-elle plus tard, l'extraire de la vue de sa fille. Elle se recouche et sombre peu à peu dans le coma en raison de l'inversion utérine qui provoque une hémorragie massive.

Sandrine sera acquittée par la cour d'assises de Douai en mars 2004. Philippe Simoneau tient à préciser que « l'enfant n'a jamais été oublié ». « C'était un vrai beau bébé, de plus de 3 kilos. On aurait vraiment voulu que les services de police arrivent plus tôt. La première fois que j'ai expliqué à Sandrine que l'enfant était né viable, elle est tombée de sa chaise. Elle n'arrivait pas à le croire, tellement elle était persuadée qu'il s'agissait d'un enfant mort-né. Elle s'est mise à pleurer : “Vous êtes en train de me dire que mon gosse a vécu. Si j'avais pu imaginer le sauver, je l'aurais fait. On l'aurait accueilli.” »

Il semble qu'il y ait presque autant d'explications différentes que de cas. Tout comme il faut cesser de croire que le déni de grossesse concerne une catégorie bien spécifique de femmes, il faut admettre qu'il n'est pas toujours explicable d'emblée par un événement particulier ou certains traits de la personnalité.

Ma vie sans lui

« Quand je suis au bout du rouleau, je mets la tête dans un sac plastique. Je ne peux pas en finir définitivement, j'ai cinq enfants en bas âge. Plus celui qui grandit dans mon ventre. J'ai déjà pris des médicaments, il y a des années, ça n'a pas marché. Je pourrais me pendre, je prépare tout ce qu'il faut. Et puis je pense aux enfants. Je ne veux pas qu'ils souffrent. Alors je mets ma tête dans le sac.

« Personne ne voit que je suis mal. Tout le monde s'en fout. Je suis tombée dans un puits, je n'y arrive plus. Je sais ce que les autres pensent, que j'enchaîne les grossesses pour ne pas travailler, pour garder mon mari, comme si des gosses partout ça ne leur donnait pas des envies de fuite, aux hommes. J'ai bien vu les regards, et les messes basses finissent toujours par devenir des concerts. Pour ma petite numéro cinq, je prenais la pilule. Mais je prenais aussi un peu de ventre. Je n'étais pas malade, je n'avais pas de nausées, je ne ressentais rien de précis, j'avais même mes règles. Mais chez moi, l'absence de symptôme ne veut pas dire qu'il ne se passe rien. Dans le doute, je suis allée voir mon gynécologue. Autant m'y prendre tôt pour pouvoir remédier au problème. Je ne pouvais pas envisager cette nouvelle grossesse. Mon couple battait de l'aile, j'avais peur de ne pas pouvoir m'en sortir avec les quatre petits, c'était bien assez compliqué comme ça.

« Le médecin m'a fait une échographie et le ciel m'est tombé sur la tête. J'étais enceinte de cinq ou six mois. Il m'a fallu quinze jours pour admettre que j'allais avoir une petite fille dans trois ou quatre mois. En revanche, le soir même après ma visite chez le gynécologue, j'ai eu de petites contractions, des douleurs dans les seins et j'ai vu mon ventre s'arrondir beaucoup plus. Je me suis fait du souci pour la santé de ce bébé. Allait-il être normal ? J'avais pris des médicaments, passé une radio, eu un vaccin.

« Quand j'ai annoncé la nouvelle de cette grossesse à mon mari, il n'a pas semblé trop mal réagir. Je sais aujourd'hui qu'il l'a, en fait, très mal acceptée. Il m'accuse régulièrement de l'avoir pris pour un imbécile. Il ne croit pas que j'aie pu découvrir mon état aussi tard. Personne ne le croit, d'ailleurs. Les gens disent, par exemple : “Ce n'est pas possible qu'elle ait eu ses règles. Elle devait se couper le doigt pour mettre du sang dans sa culotte.” Ma fille a maintenant trois ans et j'entends toujours des réflexions, même dans ma famille : “De toute façon, il a bien fallu faire avec, on n’allait pas la mettre à la poubelle.”

« Alors, évidemment, l’autre jour, quand j’ai de nouveau senti qu’il se passait quelque chose dans mon ventre, j’ai été dévastée. Il bougeait déjà, je savais qu’il était trop tard. Je ne suis même pas allée voir le docteur. Je ne peux rien dire à mon mari, qui sera de toute façon bientôt mon ex-mari. Nous ne nous adressons même plus la parole. Il vient de partir quinze jours en vacances sans moi. À son retour il était plus désagréable que jamais. Comment lui parler dans ces conditions ? Pour lui dire quoi ? “Tu sais, je suis encore enceinte et je m’en suis encore aperçue trop tard ?” Je me sens incapable d’affronter la moindre réflexion. Je ne peux pas entendre qui que ce soit me traiter d’idiote, de menteuse, de folle. Je ne le peux pas. C’est au-dessus de mes forces. Je ne peux rien dire, j’ai du ciment dans la gorge. Je fais tout pour perdre ce bébé. Je monte et descends les escaliers, avec dix kilos dans chaque main. Je saute à cloche-pied. Il s’accroche. Plus les jours passent et moins je me sens capable de parler. Je n’arrive pas à penser à la naissance, à ce qu’il faudra bien faire à ce moment-là. Mon mari et moi cohabitons. J’ai gardé la chambre, il dort dans le salon.

« Je suis la femme invisible, qui porte son bébé invisible. Personne ne remarque rien, jamais. Personne ne pose de questions. Je marche dans la rue, avec mes six kilos en plus, et dans le regard des voisins je ne vois pas de femme enceinte. Je suis la mère de cinq enfants, je ne suis pas celle qui porte le sixième. Le compte n'est pas bon et je suis la seule à le savoir. Je hurle dans mon sac plastique et personne ne m'entend.

« Et puis il faut bien que ça arrive. Mon mari est au travail, il s'y attarde de plus en plus, je suis à la maison avec les petits. Je prends un bain pour me détendre un peu. Lorsque je sors de la baignoire, la poche des eaux cède. Je me rhabille. Je me dépêche de préparer à manger pour les enfants. Je les douche, je les fais dîner et, à 20 h 30, ils sont tous couchés. Lorsque mon mari rentre, je suis en train d'endormir ma petite dernière. Elle a peur du noir, elle a besoin de moi, je chante une berceuse. Elle respire profondément et la pression de ses doigts se relâche doucement sur ma main. Je quitte la pièce sur la pointe des pieds. Dans ma chambre, je prépare le nid. J'installe par terre le matelas du lit pliant et les serviettes de plage. Je fais les cent pas, j'ai un peu peur. Les contractions s'intensifient, je marche, je m'allonge, je m'assois. En bas j'entends le bourdonnement de la télévision. Ici, à l'étage, tout est calme. Les enfants dorment, moi j'accouche. Je sens le bébé qui s'engage. Il est un peu plus de minuit. Je me mets à quatre pattes. Et je trouve cet instant magique. Il sort de moi facilement. C'est un garçon. Il est très beau, bien formé, il a tous ses doigts. Pour qu'il ne crie pas je le prends contre moi. Il me regarde. Je le trouve très propre, je ne veux pas lui donner son bain tout de suite. Je retire mon tee-shirt pour l'en envelopper. Je pleure.

« Je l'ai gardé dans mes bras toute la nuit. Lui et moi tout seuls dans l'obscurité de la chambre, sa chaleur contre la mienne. Je ne vois que trois solutions : lui et moi sans les autres, les six sans moi, moi sans lui. J'ai opté pour la troisième solution. Le lendemain après-midi je l'ai emmené à l'hôpital. J'ai été accueillie par des gens formidables qui ne m'ont jamais jugée, qui ont même trouvé très beau ce que je faisais pour lui.

« Moi, je me sens coupable, infiniment coupable, indigne d'être reconnue comme sa mère. Je ne voulais rien transmettre de moi à cet enfant. Je voulais le laisser neuf pour sa vie à venir. Mais une femme qui milite pour le droit d'accès aux origines m'a persuadée du contraire. Je lui ai donné un prénom et j'ai laissé dans son dossier les informations qui me semblaient nécessaires pour lui, s'il souhaite un jour me rencontrer. Pendant quatre jours je suis allée le voir. Je lui ai parlé, je l'ai nourri. Pendant un mois et demi j'ai demandé de ses nouvelles. C'est un bébé en pleine forme, sans signe de mal-être. Je sais qu'il va être adopté par une famille qui lui dira la vérité sur son adoption. Je ne serai jamais sa maman mais lui sera toujours mon fils, mon petit ange. Je l'aime autant que les autres. Pour la société, pour mon futur ex-mari, pour mes enfants, pour mes voisins, je n'ai jamais accouché d'un sixième enfant. Pour moi, le compte ne sera plus jamais bon. »

Irène, quarante ans, a accouché sous X, en 2005, d'un sixième enfant.

Le syndrome du sac-poubelle

Ce sont des informations qui passent inaperçues parce qu'elles sont traitées dans les colonnes de brèves des quotidiens, ou en quart de page dans les rubriques locales des régionaux, presque en catimini. Il suffit de décider de s'y intéresser de plus près pour constater très vite leur incroyable récurrence. S'il s'agissait de faire la une à chaque fois qu'un bébé est retrouvé dans un sac-poubelle, les bouclages des journaux deviendraient monotones. Le recensement de ces faits, via les archives de la presse ou le fil AFP, se révèle vertigineux. Les statistiques exhaustives, encore une fois, n'existent pas en matière d'infanticide puisque la dénomination elle-même ne figure plus dans le code pénal depuis 1994 et que l'acte n'est plus recensé en tant que tel. L'estimation communément admise fait état de cinquante à cent meurtres de nouveau-nés par an en France. La lecture attentive des journaux permet en tout cas de constater que ce crime participe lui aussi à l'encombrement des tribunaux. Et que son mode opératoire ne varie guère. L'enfant est déposé dans un sac-poubelle puis caché à proximité (sous le lit, dans le garage, dans un placard), parfois déposé dans un congélateur (en général pour des raisons « pratiques », les femmes ne sachant pas comment se débarrasser du corps), parfois jeté par la fenêtre.

Une unité de l'INSERM a publié en juillet 2005 une étude[1] d'autant plus précieuse qu'elle constitue la seule enquête statistique sur l'infanticide depuis 1993. Elle a porté sur les affaires traitées par vingt-sept parquets de trois régions (Île-de-France, Bretagne, Nord-Pas-de-Calais) entre 1996 et 2000. Cette recherche avait pour but de mieux cerner les morts suspectes de nourrissons de moins d'un an. Elle mêle donc les bébés « secoués », les enfants morts de maltraitance, les morts accidentelles suspectes et les nouveau-nés décédés à la naissance. Ces derniers représentent 15 % de l'ensemble, soit vingt-deux cas sur deux cent dix-huit.

Parmi ces vingt-deux cas, les chercheurs de l'INSERM en ont tiré cinq au sort pour les analyser

1. Enquête du CERMES (CNRS UMR 8559, INSERM U502, EHESS) intitulée « Quelles données recueillir pour améliorer les pratiques professionnelles face aux morts suspectes de nourrissons de moins d'un an ? Étude auprès des parquets » et menée par Anne Tursz, pédiatre, épidémiologiste, DR INSERM, Monique Crost, statisticienne, IE INSERM, Pascale Gerbouin-Rerolle, chargée de projet en santé publique, vacataire, Julien Beaute, interne de santé publique, et Hélène Romano, psychologue, vacataire.

de façon plus approfondie. Ils ont désigné ces nouveau-nés par des lettres – A, B, C, D, E. Ils écrivent notamment : « L'analyse des cinq cas de décès à la naissance montre des similitudes troublantes dans la situation des mères, pourtant bien différentes entre elles par leur âge ou par leur origine sociale. Elles sont en effet âgées de dix-sept à quarante-cinq ans et leur niveau éducatif va de l'illettrisme à la troisième année d'études universitaires ; le niveau socio-économique est plutôt bon dans l'ensemble, à part dans le cas de A. Toutes partagent un grand isolement lié notamment à une peur profonde des réactions de leur famille et à une massive absence affective du "conjoint". [...] ces femmes ont assumé toutes seules les conséquences judiciaires de leurs actes. Ces conséquences sont très variables pour des actes semblables ; en effet, si on exclut le cas de A, décédé dans des conditions de violence extrême (multiples coups par arme blanche), les quatre autres nouveau-nés ont été retrouvés dans des sacs en plastique et sont morts d'hypothermie ou d'asphyxie par confinement. »

Le mode de révélation de l'homicide est également toujours le même. La femme qui vient d'accoucher découvre le bébé, cet intrus, ce corps étranger, cette « chose ». Elle n'a qu'une idée en tête, immédiate et impérieuse, faire taire ou faire disparaître de sa vue cet enfant qui ne peut pas exister. Elle l'étouffe d'une main sur la bouche ou le place vivant dans un sac et cache le corps à proximité, sous un lit, dans un placard, au sous-sol. Puis, dans les deux heures qui suivent, elle se met à perdre beaucoup de sang. D'abord parce qu'un accouchement, même quand il se passe bien, encadré par des professionnels de santé, peut se révéler très sanglant. Une jeune accouchée peut perdre jusqu'à un demi-litre de sang sans que cette déperdition sanguine soit considérée comme pathologique. Et un demi-litre de sang, c'est déjà impressionnant. Ensuite parce que les conditions dans lesquelles ces bébés naissent présentent des risques élevés d'hémorragie. Chez ces mères qui accouchent seules chez elles, dans un état de surprise et de panique mêlées, l'expulsion est en général très rapide. Trop rapide. Lorsque la tête de l'enfant commence à appuyer sur le périnée, ces femmes, obéissant à un réflexe naturel, poussent sans ménagement jusqu'à ce que sorte ce qui doit sortir. Plus un accouchement est rapide, plus il présente des risques de déchirement. Ce traumatisme des « parties molles », périnée, col, vagin, provoque des saignements abondants.

Deuxième facteur hémorragique chez ces femmes : une délivrance du placenta problématique. Le décollement du placenta est d'autant plus facile que celui-ci est lourd de son sang. Mais, dans ces naissances « sauvages », le cordon qui le relie au bébé est en général déchiré ou coupé, et non clampé selon la pratique hospitalière, et le sang contenu dans le placenta s'écoule par l'autre extrémité du cordon. Le placenta, en partie allégé, voit sa progression ralentie. Or, une fois qu'il est complètement décollé, le placenta doit être expulsé le plus rapidement possible. Enfin, lorsque les contractions utérines surviennent pour la délivrance, en général dix à quinze minutes après l'expulsion du bébé, la mère a tendance à vouloir tirer sur le cordon pour faire sortir plus vite le placenta. Si celui-ci n'est que partiellement décollé, une telle traction va provoquer une hémorragie qui peut être fatale. Même lorsque ces enchaînements dramatiques ne se mettent pas en place et que la perte de sang demeure normale d'un point de vue médical, la femme peut la trouver inquiétante, *a fortiori*, son entourage, qui ignore ce qui vient de se produire. Encore une fois, un demi-litre de sang sur un linge absorbant ou sur le carrelage d'une salle de bains augmenté du sang en provenance du placenta, ça fait beaucoup d'hémoglobine.

La chronologie des affaires de néonaticide[1] (meurtre de l'enfant de moins de vingt-quatre heures) suit donc un rituel quasi immuable. Le conjoint (ou un autre membre de la famille) voit le sang ou découvre sa femme inanimée ou très affaiblie. Il se panique, pense éventuellement à une fausse couche et appelle les secours. Lorsque la mère est

1. Le psychiatre américain P. J. Resnick a établi le premier, en 1970, une distinction entre le néonaticide, qui concerne les nouveau-nés de moins de vingt-quatre heures, l'infanticide, relatif aux enfants de moins d'un an, et le filicide, soit le meurtre de la fille ou du fils, c'est-à-dire d'un enfant plus âgé.

seule, elle finit souvent par appeler elle-même de l'aide. Elle est emmenée à l'hôpital pour une suspicion d'avortement spontané, examinée par des médecins qui détectent alors un utérus aux dimensions anormales et des parties molles plus ou moins abîmées. Ils en déduisent que la patiente vient d'accoucher. Elle commence par nier puis avoue très vite. Soit ce sont les secours qui repartent au domicile pour essayer de trouver l'enfant, soit l'hôpital fait appel aux forces de l'ordre. La patiente est ensuite interrogée à la maternité, le plus souvent mise en examen pour homicide volontaire sur mineur de quinze ans et mise sous écrou quelques jours plus tard. La détention provisoire, dans ces affaires, et même quand il n'est absolument pas question de récidive, constitue plus souvent la règle que l'exception.

Quand le déni de grossesse devient déni d'enfant

Tous les dénis de grossesse n'aboutissent pas, loin de là et fort heureusement, à des néonaticides. Mais derrière les affaires de néonaticide se profile très souvent, en arrière-plan, l'ombre du déni de grossesse, qu'il soit massif, partiel ou atypique. Très souvent ou à chaque fois ? Question délicate à laquelle il semble difficile de répondre étant donné l'absence d'études exhaustives sur les néonaticides qui se produisent chaque année en France, étant donné également le fait que ces crimes spécifiques ne sont pas toujours découverts ou que la mère n'est pas systématiquement identifiée. Et puis comment répondre à cette question quand la définition du déni de grossesse demeure elle-même assez floue, et qu'elle varie d'un psychiatre à l'autre ?

Là où certains vont évoquer un déni atypique ou un déni de l'inéluctabilité du terme, d'autres vont parler de dissimulation et réfuter la notion de déni. Au moment de l'instruction et des expertises psychiatriques en tout cas, le déni est forcément avancé, discuté, débattu. Les psychiatres et psychologues n'aboutissent pas aux mêmes conclusions. Il est tout de même une réalité incontournable : ces drames se sont tous trouvés précédés d'une grossesse invisible, inconnue de tout l'entourage, absolument pas suivie sur le plan médical. Que disent ces mères infanticides quand il est question de leur grossesse ? « Je ne me pensais pas enceinte », « je pensais faire une fausse couche », « parfois je me disais oui, je le suis, parfois non, c'est impossible », « je prenais la pilule », « je ne pouvais pas être enceinte », « je m'étais dit qu'il allait partir tout seul ».

Lors de son procès en 2004 devant les assises du Doubs, Adèle explique : « Au départ, je croyais les douleurs dues à des coliques. Je ne me suis rendu compte que quand j'ai senti la tête de l'enfant. Je ne réalisais pas trop puis je l'ai pris dans mes bras. »

Devant la cour d'assises de Seine-et-Marne, Gabrielle, jugée en novembre 2006 pour le meurtre de son fils en 1999, assure : « Pendant la grossesse de ma fille, en 2001, j'ai eu tous les symptômes, les nausées, les vomissements, je la sentais même bouger. Pour mon fils, je n'ai rien eu du tout. Le fait que je n'aie rien ressenti pour mon fils, c'est une injustice, parce qu'à cause de cela je l'ai perdu. » Dans une expertise réalisée auprès d'une mère infanticide, un psychiatre écrit pour sa part, passant du particulier au général : « Dans son refus de grossesse, l'issue inéluctable, l'accouchement, déclenche chez la mère un processus quasi automatique des conduites visant à faire disparaître l'enfant puis à dissimuler son corps, au point que même l'entourage très proche n'a rien suspecté d'anormal, pas même la grossesse. »

Nadine Gorre-Ferragu affirme, quant à elle : « L'aspect pathologique de l'infanticide, au décours immédiat de la naissance, ne fait plus de doute, même chez les mères considérées comme indemnes de trouble mental. Cet état mental particulier où existe un risque d'infanticide semble englober tout le déroulement de la grossesse, de la conception à l'accouchement. [...] Éléments communs à l'infanticide : la femme enceinte dénie sa grossesse jusque tardivement, l'accouchement est le mode de révélation de la grossesse, à la mère comme à l'entourage, l'accouchement se déroule de façon quasi clandestine, en dehors des structures médicalisées, et en l'absence d'aide extérieure, il surprend la patiente, soit sur son lieu de travail, soit à son domicile, l'infanticide n'est pas prémédité. » On ne saurait être plus affirmatif quant à la préexistence du déni de grossesse dans les affaires de néonaticide.

Alors grossesse niée ou grossesse cachée ? La question, et la réponse qu'elle appelle, paraît bien évidemment capitale. Car elle met en jeu toute l'intentionnalité de l'acte. Lorsque, au procès de Louise, l'avocat général qualifie l'acte de « monstrueux et volontaire », lorsque, au procès de Martine, cette dernière se voit reprocher son « manque de courage » et une « préméditation inconsciente », lorsque, au procès de Sophie, un expert parle du meurtre de ce bébé comme d'une réponse à un problème de contraception, le message semble clair. Ces femmes se savaient enceintes, elles ont caché leur grossesse et se sont débarrassées du bébé. Il est logique de penser qu'une mère qui a caché sa grossesse avait pleinement conscience de celle-ci et qu'elle a donc prémédité de supprimer l'enfant. Le terme « cacher » porte en lui l'intention et la préméditation.

Pendant longtemps, en réalité, la question ne s'est pas posée. Puisqu'il semblait inconcevable qu'une femme puisse ignorer sa grossesse ou avoir un doute sur celle-ci jusqu'à son terme, puisque personne n'avait remarqué de modifications corporelles, la conclusion s'imposait : la jeune mère avait dissimulé son état. Lorsque ces femmes s'expriment, elles racontent parfois, mais rarement, avoir serré le ventre, porté des vêtements amples, et cessé toute vie sociale. Le plus souvent, elles n'ont en rien modifié leur garde-robe et leur comportement. C'est même parce que leur corps ne changeait pas qu'elles avaient un doute sur la réalité de leur état et sur l'avancée de leur grossesse. Telle Louise qui, lorsqu'elle sent le bébé s'engager, s'exclame : « Mon Dieu, j'étais bien enceinte ! » Même dans le cas, atypique et complexe, de Véronique Courjault, qui a récidivé et pour laquelle il semble plus difficile de parler de déni (une fois, d'accord, mais trois fois ?), il faudra bien expliquer pourquoi ces grossesses sont restées invisibles. Dire qu'elle a caché ses grossesses semble un peu court. Elle assistait à des cours de yoga en collant et justaucorps avec une amie qui n'a eu de cesse de dire qu'elle ne l'avait jamais vue enceinte et elle se baignait dans la piscine familiale, je l'ai dit, et pas en pleine nuit, à l'abri des regards.

En tous cas, pour la très grande majorité de celles qui n'ont à répondre, et c'est bien suffisant, que d'un seul infanticide, les psychiatres parlent d'un passage à l'acte soudain, non prémédité au cours de la grossesse. Au procès de Louise, en juin 2006, l'expert psychiatre livre son analyse : « Elle n'avait absolument pas prévu ce qu'elle ferait, elle s'est trouvée prise au dépourvu. Elle était dans une perplexité douloureuse. [...] C'est une situation imprévue qui la sidère. [...] L'accouchement est impromptu, il y a un traumatisme psychique et un bouleversement des repères. » Dans le cas de Sophie, l'action de faire disparaître l'enfant n'était pas préméditée. « Elle a improvisé son acte en raison d'un trouble psychique qui a altéré son discernement. » Pour le procès de Cécile, en septembre 2006, c'est un autre expert qui assure : « Il s'agit d'une conduite non consciente, non préméditée, on est à la limite de la dissociation psychique. » Pour Nadine Gorre-Ferragu, l'une des caractéristiques communes à ces affaires de néonaticide est que l'acte « n'est pas prémédité ».

Lorsqu'elle a eu en charge le dossier de Louise, accusée d'avoir tué son bébé en février 2004. Son avocate ne connaissait rien au néonaticide et elle a découvert sa propre grossesse au cours de l'instruction. « Cela me renforce dans ma conviction que ma cliente n'a pas consciemment caché sa grossesse. Je me rends bien compte, en étant spectatrice de mes propres changements corporels, qu'il est très compliqué de dissimuler un ventre de femme enceinte. S'il ne se voit pas, c'est qu'il se joue forcément quelque chose de très fort au niveau inconscient. »

Les jurés n'ont pas cru Louise lorsqu'elle leur a expliqué sa surprise au moment des contractions. Ils n'ont pas cru l'expert psychiatre quand il a détaillé le processus qui conduit une femme à occulter sa grossesse. Ils n'ont pas entendu l'avocate quand elle a plaidé le déni. La jeune femme a été condamnée à huit ans de prison en juin 2006. Elle a refusé de faire appel, préférant s'en tenir à cette peine qu'elle estimait minime comparée aux quinze ans requis par l'avocat général. Son avocate aurait souhaité repartir au combat. « J'ai trouvé cette peine très injuste. J'ai eu le sentiment de ne pas avoir été entendue. J'étais certaine d'avoir lu une petite lueur de compréhension dans les yeux des jurés. J'aurais voulu aller en appel. »

L'accouchement, brutal retour à la réalité

L'accouchement, cette expérience redoutée, attendue, fantasmée par toutes les futures mères. Ce moment particulier dans la vie d'une femme, qui mobilise une bonne partie des personnels hospitaliers, suscite moult réflexions et recherches. L'accouchement, moment potentiellement risqué, pour la vie de l'enfant et pour celle de la parturiente, cet événement, dans les affaires de néonaticide, passe souvent au second plan, suscitant peu d'intérêt et d'interrogations, devenant presque anecdotique. La mort de l'enfant, tragique, occulte ce qui s'est produit auparavant, notamment le risque vital encouru par ces mères, leur souffrance à cet instant précis. Les répercussions d'un accouchement qui a lieu dans la solitude et dans des conditions sanitaires plutôt scabreuses n'ont pourtant rien d'anodin. Encore moins après des mois d'ambivalence et de refoulement. Ce sont, encore une fois, les médecins, obstétriciens ou psychiatres, et les psychologues qui viennent rappeler au moment de l'audience la réalité de cette expérience particulière.

Lors du procès de Sophie, en juin 2006, une psychologue clinicienne fait part de ses observations : « Sophie insiste beaucoup sur le fait que l'accouchement se passe très vite. Et c'est important. Elle ne s'attendait pas à ça, elle est prise de panique. Si ça avait duré des heures, avec des contractions très douloureuses, tout aurait été différent. L'anxiété l'a débordée. Déjà, en temps normal, quand on accouche à l'hôpital, il y a du stress. Mais là, en plus, elle est terriblement seule, prisonnière de la situation. Sa lucidité est paralysée par les émotions, par l'angoisse. » Les experts psychiatres décrivent l'accouchement comme un « orage émotionnel ». « Accoucher dans ces conditions constitue un véritable traumatisme physique et psychique », assure le professeur Michel Delcroix. « L'accouchement est impromptu, il y a un traumatisme psychique et un bouleversement des repères », confirme de son côté le docteur Libert.

Bertrand Schneider, consultant en maternologie, analyse la singularité de cet événement qui est tout sauf naturel et évident : « La majorité des études faites sur le post-partum, dans le but d'essayer notamment de déterminer ses causes et de le prévenir, ont montré qu'il était impossible de prédire ce type de troubles au cours de la grossesse. L'une des conclusions à en tirer, c'est donc qu'il se passe quelque chose de déterminant au moment de l'accouchement. L'infanticide, par exemple, ne survient pas au moment de la grossesse. Rares sont les tentatives, en cours de grossesse, de “faire passer” cet enfant en ayant des comportements à risque. C’est au moment de l’accouchement que se produit le passage à l’acte, lors de la confrontation non pas à cet enfant, mais à ce qu’il représente. Il faut également différencier l’accouchement de la naissance. L’accouchement est le passage de l’enfant du milieu utérin à un milieu “aérien”. Mais, dans le psychisme de la femme, ce n’est pas parce que l’enfant est accouché qu’il est né. Ce n’est pas parce qu’il est accouché qu’il existe en tant qu’“autre”. Pour les mères infanticides l’accouchement est la confrontation avec une réalité impossible. Dans une certaine mesure, lorsqu’elles tuent le bébé, ces femmes n’ont pas le choix. Ce qui s’avère insoluble d’un point de vue judiciaire, c’est qu’au niveau juridique et social il y a deux personnes, la mère et l’enfant, dont l’une tue l’autre. Alors qu’au niveau psychique, pour la femme, dans les quelques minutes qui suivent cet accouchement, il n’y a qu’une personne. Il me semble que la mère et l’enfant sorti de son ventre ne font qu’un, il n’existe encore aucune altérité. »

Ces femmes se comportent de façon absurde, inhumaine, sans aucun affect là où la société attend d’elles qu’elles agissent en mères aimantes et protectrices, qu’elles se saisissent de l’enfant, le pressent contre leur sein, le réchauffent, lui témoignent de l’attachement, de la tendresse. Parce que c’est ainsi qu’une mère se conduit. Seulement, en cet instant très précis, face au nouveau-né sorti d'elles, elles n'appartiennent pas à la communauté des mères. Ou plutôt, si elles sont des mères d'un point de vue obstétrique, social et juridique, elles ne sont pas des mamans. Comme le résume le professeur Michel Delcroix : « Alors que c'est l'enfant que l'on porte et la conscience que l'on en a qui vous font devenir mère un peu plus chaque jour pendant neuf mois, ces femmes doivent s'adapter très vite à ce qui leur arrive. » Et, parfois, elles s'adaptent mal.

Le témoignage de Bénédicte, envoyé sur le site de l'Association française pour la reconnaissance du déni de grossesse, est assez éclairant : « C'est le matin du 23 mai 2005, vers 6 h 15, jour de mon accouchement, que j'ai su que j'étais enceinte. Suite à de douloureux maux de ventre, je me suis rendue aux toilettes, pensant à une banale gastro, alors que c'était le bébé qui était en train de sortir. J'étais sur les toilettes et je ne pouvais plus bouger, donc appeler personne, heureusement que mon ami était présent car c'est lui qui a appelé les pompiers, et sorti le bébé des toilettes. J'étais tellement choquée que je ne voulais pas le prendre, alors que les pompiers avant leur arrivée voulaient que je le mette sur mon ventre. C'est pour ça que, si j'avais été seule, je pense que mon bébé ne serait plus parmi nous et moi en prison. »

Ce bébé qu'elles voient mort

Une même phrase traverse le témoignage de toutes ces femmes dont le bébé est décédé, des femmes qui ne se connaissent pas, ne proviennent pas du même milieu, n'ont pas le même âge, sont ou ne sont pas déjà mères : « Pour moi, ce bébé était mort. » Cécile décrit un accouchement plutôt serein, explique qu'elle accueille l'enfant, puis qu'elle le voit « bleu » et suffocant. Elle coupe le cordon pour, dit-elle, « l'aider à respirer », l'emmène à l'extérieur prendre l'air mais constate qu'il ne respire toujours pas et finit par le déposer sur le trottoir dans un sac. Céline, qui accouche à terme alors qu'elle pensait faire une fausse couche, parle d'un enfant mort-né. « Je lui ai parlé mais il me paraissait très bleu, affirme de son côté Adèle, il ne bougeait pas. Il était comme inexistant. » Gabrielle raconte elle aussi : « J'ai pris mon enfant dans mes bras, je ne me rappelle pas l'avoir serré, je l'ai mis dans le jogging. Pour moi, il n'était pas vivant. » Près de dix ans plus tôt, Martine a eu recours aux mêmes mots : « Pour moi, dans ma tête, je n'étais pas enceinte. J'ai accouché brusquement et par surprise. Le bébé a crié puis je ne l'ai plus entendu. Il ne bougeait plus. Il avait cessé de respirer. Comme c'était horrible de le voir bouche ouverte, j'ai pris le mouchoir. »

Au cours de l'instruction, les analyses médico-légales aboutissent toutes à peu près aux mêmes conclusions : ces bébés naissent à terme, viables et vivants. Toute une partie de l'instruction consiste donc à mettre la femme devant cette évidence, à prouver par *a* + *b* que son bébé a crié, a bougé, a respiré, et à conclure, lorsqu'elle maintient ses déclarations, qu'elle ment. Pourtant, ces femmes ne mentent pas. Non pas que ces enfants naissent mort-nés, au contraire, ils ne présentent en général aucune malformation. Elles le comprennent très vite au cours de l'instruction et nient rarement le fait d'avoir laissé ce bébé sans soin, de l'avoir enfermé dans un sac ou de l'avoir étouffé. Mais, pour raconter, elles ne peuvent que faire part de leur expérience au moment de la commission des faits. Et à ce moment-là, lors de ces quelques minutes qui suivent l'expulsion, prisonnières de leur déni, elles semblent dans l'incapacité de considérer la chose sortie de leur ventre comme un bébé sain et en bonne santé.

Ces femmes n'ont pas recours à des affirmations péremptoires, elles ne disent pas « l'enfant présentait les signes cliniques de la mort, arrêt cardiaque, absence de souffle, absence de réaction, œil vitreux, j'en ai donc conclu qu'il était, d'un point de vue scientifique, indéniablement mort ». Elles font part de leur perception et expliquent, tant bien que mal : « pour moi, il était mort », « je le voyais mort », « je l'ai cru mort », « je le voyais bleu », « il ne bougeait pas ». Ce qu'elles veulent faire comprendre sans trouver les mots, c'est qu'elles étaient dans l'impossibilité psychique de voir cet enfant vivant. Dire qu'elles ont vu cet enfant mort, c'est une autre façon pour elles de dire qu'il n'existait pas. Au cours de ses premiers interrogatoires, Gabrielle, en évoquant son accouchement, parle de la « boule » ou de la « chose ».

L'avocate de Louise, maître Stéphanie Guedo, se souvient : « Quand on m'a confié l'affaire, je me suis dit : bien, c'est un meurtre sur un bébé, c'est terrible. Je ne connaissais rien du déni. J'ai commencé à lire les réponses de ma cliente aux premiers interrogatoires, alors qu'elle était encore hospitalisée, et j'ai tout de suite vu que quelque chose ne collait pas. Il ne s'agissait pas d'une mère qui avait tué son bébé. Elle racontait comment elle avait saigné. Elle parlait de la panique, de la douleur, du fait qu'elle ne pourrait pas aller travailler. Pour l'enfant, elle parlait de "ça", elle disait "c'est sorti". Dans chaque phrase il manquait quelque chose, l'enfant était absent. Et puis, au fur et à mesure, elle a fini par dire "oui, ça a crié, ça faisait du bruit". »

Cet enfant qui n'existe pas ne peut visiblement être ni vivant ni nommé.

« Quand même, avec la contraception, l'IVG, l'accouchement sous X... »

Ces néonaticides paraissent d'autant plus choquants, inacceptables, incompréhensibles qu'ils se produisent dans l'un des rares pays au monde où les femmes ont à la fois accès à la contraception, à l'avortement et à l'accouchement sous X. Malgré cet arsenal, ce sont toujours des dizaines de bébés qui sont retrouvés chaque année dans des sacs-poubelle. L'un des objectifs de l'accouchement sous X, qui existe légalement depuis les années 1940, était clairement de faire baisser le nombre d'infanticides à la naissance, évalué à cinq cents chaque année au XIXe siècle. Au XXe siècle, ce chiffre noir a progressivement diminué puisque, depuis 1950, il serait compris dans une fourchette de cinquante à cent chaque année. L'accouchement sous X est aujourd'hui très décrié et débattu, notamment sous la pression des enfants nés de mère inconnue qui crient leur souffrance et réclament un libre accès à leurs origines. Valérie Pécresse, députée UMP, qui fut rapporteur de la mission parlementaire d'information sur la famille et les droits de l'enfant, sensible à la quête d'identité de ces adultes, propose pour sa part de remplacer l'accouchement sous X par un accouchement « dans la discrétion », qui n'assurerait l'anonymat de la mère que jusqu'à la majorité de son enfant.

L'Académie de médecine, a, en novembre 2006, vivement réagi à cette proposition, arguant que l'accouchement sous X constituait la seule échappatoire pour des femmes en danger – beaucoup de ces parturientes sont d'origine étrangère. Le professeur Roger Henrion a également expliqué, au nom de l'académie, que la suppression de l'anonymat entraînerait une augmentation des infanticides. À la souffrance des adultes nés sous X, il objecte : « Peut-être vaut-il mieux vivre avec cette difficulté d'ignorer ses origines que mourir étouffé à la naissance. »

Il est possible que la fin de l'accouchement sous X entraîne effectivement une recrudescence des infanticides ou des abandons d'enfants dans des lieux publics. Difficile de savoir ce qu'auraient fait les trois cent quatre-vingt-quatorze femmes ayant accouché dans le plus total anonymat en 2004 si elles n'avaient pas eu à leur disposition cette solution. Auraient-elles tué cet enfant ? Peut-être. Peut-être pas.

Irène, mère de cinq enfants, a, nous l'avons vu, accouché chez elle, dans la clandestinité, du petit sixième après un déni partiel de grossesse (jusqu'à cinq mois). Elle est allée déposer l'enfant dans un service de maternité. De toutes les solutions qu'elle a envisagées, jamais elle n'a pensé, dit-elle, à l'infanticide. Irène se savait enceinte. Elle a découvert tardivement sa grossesse mais elle a ensuite clairement pris conscience de celle-ci. Lorsque les premières contractions sont arrivées, elle n'a pas été surprise. Elle savait que ce qui sortirait de son ventre serait un enfant à terme. Elle a été en mesure de l'accueillir. Que s'est-il alors passé pour les autres, pour celles qui ont supprimé cet enfant plutôt que de le déposer dans une maternité ? Pourquoi, malgré l'accouchement sous X, le nombre d'infanticides n'a-t-il pas baissé en France depuis les années 1950 ?

Nadine Lefaucheur, sociologue, a bien une idée sur la question : « Pour demander l'admission secrète dans une maternité, il faut d'abord se reconnaître enceinte ou près d'accoucher. Lorsque tel n'est pas le cas, et lorsque la grossesse ou l'imminence de l'accouchement n'ont pas été découvertes par l'entourage ou par le personnel médical, ni le tour[1] ni l'accouchement sous X n'y ont jamais rien changé (en 1850, une commission concluait déjà qu'il n'y avait "aucun rapport entre l'infanticide et l'existence ou la non-existence du tour"). Et ils n'y changeront malheureusement sans doute jamais rien : l'enfant dont la femme qui le porte dénie l'existence courra sans doute toujours un grand risque d'être "jeté" dans une poubelle, les latrines ou un terrain vague, après un accouchement clandestin. Pour porter un nouveau-né au tour, il faut y voir un enfant, et non un excrément[2]. »

C'est violent mais parlant. Ces grossesses qui donnent lieu à des infanticides ne sont pas, dans leur grande majorité, des grossesses dissimulées. Ce sont des grossesses déniées. Ces femmes incapables d'accepter l'idée qu'un enfant grandit dans leur ventre sont tout aussi incapables d'imaginer qu'il va bien

1. Cylindres de bois placés à l'entrée des hospices au XVIIe siècle dans lesquels les mères plaçaient les enfants qu'elles souhaitaient abandonner.

2. « Faut-il rétablir les tours ? », par Nadine Lefaucheur, sociologue, chargée de recherche au CNRS ; texte mis en ligne sur le site www.penelopes.org le 30 janvier 2001.

falloir qu'il en sorte. Elles ne prévoient rien. L'accouchement sous X, elles n'y pensent même pas. Pourquoi y penseraient-elles puisqu'elles ne sont pas enceintes ?

« Quand on ne veut pas d'enfant on n'en fait pas ! » s'insurge la *vox populi*. Sur les forums du net, les débats sont houleux. « Bon sang, elle n'avait qu'à avorter ! Bon sang, elle n'avait qu'à prendre la pilule ! Bon sang, elle n'avait qu'à l'abandonner ! » Elles prennent souvent la pilule. Et se retrouvent quand même enceintes. Avorter ? Encore faut-il avoir découvert sa grossesse dans les délais légaux. Abandonner l'enfant, plutôt que le tuer ? Oui, certainement, quand on est en pleine possession de ses moyens et pas sidérée ou paniquée par un événement soudain et impromptu tel qu'un accouchement. Ces femmes préfèrent-elles vraiment en conscience mener leur grossesse à terme, supporter le risque potentiel d'un accouchement clandestin, puis supprimer l'enfant plutôt que d'avorter quand c'est encore possible ? Tuent-elles leur bébé comme on noie un petit chat ?

Le néonaticide de la fin du XXe siècle et du début du XXIe siècle a-t-il beaucoup de rapports avec l'infanticide posé comme mode de régulation des naissances ou comme réponse à des situations sociales précaires ou stigmatisantes ? Pas vraiment, selon Nadine Gorre-Ferragu, qui écrit : « Au XXe siècle, l'infanticide ne prédomine plus en milieu rural, et il concerne toutes les classes sociales. Les motivations d'ordre économique ont quasiment disparu. Il survient principalement au décours de grossesses déniées. » Et c'est pour cette raison que l'infanticide n'a rien à voir avec la contraception, l'avortement ou l'accouchement sous X. Ces femmes se retrouvent parfois enceintes malgré la prise de la pilule. Elles ne peuvent envisager ni l'avortement ni l'abandon puisque, dans le déni, elles ne se pensent pas enceintes ou ne parviennent pas à se projeter jusqu'à l'issue inéluctable de cette grossesse.

Quelles différences entre celles qui tuent et celles qui ne tuent pas ?

Pourquoi le déni, dans la majorité des cas, trouverait-il une issue heureuse quand il se terminerait, pour quelques-unes de ces femmes, par la mort de l'enfant ? Pourquoi certaines basculent quand d'autres parviennent à sortir de leur déni dès qu'elles voient le bébé ? Il s'agit dans un premier temps de prendre en compte le lieu et les conditions de l'accouchement. La plupart des parturientes qui n'ont pas pleinement conscience d'être enceintes finissent par accoucher à l'hôpital parce que quelqu'un dans leur entourage, le conjoint, la mère, la sœur, l'amie, s'est alarmé de la souffrance exprimée par la femme et a préféré appeler un médecin ou se rendre directement aux urgences avec elles. Dans ce cas-là, en général, la mère et le bébé, pris en charge par une équipe médicale, survivent. Dans un service de maternité, entourée de sages-femmes, de médecins, de psychologues, la jeune accouchée peut devenir une maman. Son désarroi et ses pulsions mortifères sont neutralisés par cet environnement protecteur. Certaines d'entre elles, qui ont ainsi pu accoucher à l'hôpital, avouent se demander, ou au contraire refuser de se demander, ce qui aurait pu se produire si ce bébé était né chez elles alors qu'elles étaient seules. Le risque de mortalité se pose surtout pour les accouchements qui ont lieu au domicile et en l'absence de tout regard extérieur. Un certain nombre de ces bébés ne décèdent pas des suites d'un acte positif de la mère, c'est-à-dire d'une action physique effectuée à l'encontre de cet enfant en vue de lui donner la mort. Quelques-unes de ces femmes, confondant les contractions avec des problèmes intestinaux, accouchent sur la lunette des toilettes et laissent le nouveau-né dans la cuvette. Ce qui leur est alors reproché lorsqu'elles sont mises en examen a plutôt à voir avec la non-assistance à personne en danger.

Dans d'autres cas, en état de choc, elles se trouvent dans l'incapacité de prodiguer les premiers soins à l'enfant, notamment de le couvrir et de le réchauffer (le premier facteur de risque pour un nouveau-né est la déperdition de chaleur). Pour toutes ces femmes, il semble évident que ce sont les conditions mêmes de l'accouchement qui ont conduit à la mort de l'enfant. Après tout, c'est bien parce que l'accouchement à domicile sans l'aide de personnel formé entraînait une mortalité infantile et maternelle considérable qu'il a progressivement été décidé d'hospitaliser les parturientes pour l'expulsion de l'enfant. Reste le cas de figure des mères, malheureusement relativement nombreuses, qui se débarrassent du bébé dans un sac-poubelle ou en le jetant par la fenêtre. Pour celles-ci, les psychiatres mettent en avant, on l'a vu, l'orage émotionnel qui survient au moment même de l'accouchement, la sidération, la panique, la perte de contrôle.

Mais alors, *a contrario*, pourquoi d'autres mères accouchant seules à domicile après un déni sont-elles, pour leur part, capables d'accueillir et de protéger cet enfant ? Lorsqu'elle a accouché dans sa salle de bains, Karine a compris que ce qui venait de sortir de ses entrailles était un bébé lorsque celui-ci s'est mis à crier. Elle a eu le réflexe de compter ses doigts et ses orteils puis de le coller contre elle pour le réchauffer. Karine est-elle l'exception qui confirme la règle ? Difficile à dire. Encore une fois, en l'absence de chiffres précis ou d'études à grande échelle, il n'est pas possible de savoir combien d'accouchements « clandestins » au domicile, après une grossesse non suivie, n'aboutissent pas au décès du bébé. Étudier ces cas, où la vie de l'enfant n'a pas été mise en danger par la mère, permettrait peut-être de mieux comprendre ce qui se produit dans la tête de celles qui n'ont pas été capables de considérer le nourrisson comme leur enfant, comme un enfant.

Il serait certainement instructif d'interroger ces mères qui se sont senties immédiatement mamans, de s'intéresser à leur environnement au moment de l'accouchement, à l'éventuelle présence de tiers, à la raison du déni (car peut-être l'issue de ce déni de grossesse dépend-elle des raisons qui ont prévalu à sa mise en place), de tenter de comprendre pourquoi elles n'ont pas basculé. De tenter de cerner la place qu'il faut laisser au libre arbitre.

Au mot libre arbitre, Marie a un rire un peu amer. Elle a accouché il y a près de vingt ans d'une petite fille au-dessus de la cuvette des toilettes. Dès que l'enfant est sortie, elle l'a prise dans ses bras et collée contre son ventre. « Immédiatement après l'expulsion je me suis comportée en mère. Mais depuis vingt ans, c'est une source d'angoisse chez moi, je sais que j'aurais pu faire autre chose. J'aurais pu lui faire du mal. Franchement, à ce moment-là, je ne sais pas trop où se trouvait mon libre arbitre. Je crois qu'il s'était fait la malle. J'ai le sentiment d'avoir réagi à un état subi de façon plutôt conditionnée. »

Quand le bébé qu'elles ont tué devient le leur

Comment faire le deuil d'un enfant que l'on a contribué à faire mourir ? Elles le disent souvent, lorsqu'elles sortent du déni et réalisent ce qu'elles ont commis, elles ne pensent qu'à une chose : mourir à leur tour. Puis elles souhaitent, à contretemps, faire exister ce bébé. Sur son lit d'hôpital, Hélène, mère de trois enfants, comprend que ce qu'elle a enfermé dans un sac est un petit garçon. L'infirmier lui explique qu'il va falloir aller chercher le bébé à son domicile. Elle veut se lever et restituer elle-même le corps. Mais elle a perdu trop de sang et en est physiquement incapable. Depuis plusieurs mois qu'est ouverte l'instruction à son encontre, elle n'a pas encore pu donner une identité à cet enfant et l'inhumer. C'est, à l'heure actuelle, sa plus grande souffrance. « Nous avons choisi un prénom avec mon compagnon, nous voulons pouvoir le nommer, pour qu'il soit pleinement reconnu. Dans la famille nous voulons arrêter de l'appeler “le bébé”. »

Maître Philippe Simoneau le rappelle : quand Sandrine, la jeune femme qu'il a fait acquitter, a réalisé, en lisant les comptes rendus d'autopsie, que l'enfant était vivant à la naissance, elle s'est effondrée. Céline, en détention provisoire, a demandé à assister à la crémation de son fils. « Je ressens le besoin d'être présente à l'inhumation du petit, écrit-elle dans l'une de ses lettres, je pourrais enfin faire le travail de deuil. » La jeune femme a voulu le reconnaître à l'état civil sous son nom de famille. « Je lui ai ôté la vie, je veux lui donner quelque chose. »

Le syndrome du sac-poubelle ne connaît plus en France l'ampleur qu'il avait encore au XIXe siècle, lorsque l'infanticide était un mode de contraception, mais, loin d'avoir complètement disparu, il perdure, en ville comme à la campagne, chez les bourgeois comme chez les prolétaires, chez les adolescentes comme chez les femmes mariées. S'il persiste ainsi, que faut-il en déduire ? Que les femmes sont décidément bien cyniques, inconséquentes et amorales ? Ou que certaines grossesses, découvertes très tardivement, occultées, niées, peuvent induire chez ces parturientes, au moment de l'accouchement, des comportements anormaux, violents et choquants, qui les dépassent elles-mêmes, et ce quels que soient leur âge et leur niveau intellectuel ?

Quoi qu'il en soit, lorsque le bébé retrouvé dans un sac-poubelle permet ensuite de localiser sa mère et qu'une instruction est ouverte à son encontre, ce qui en ressort a souvent à voir avec le déni de grossesse. Pas forcément un déni massif, total, mais au moins une découverte tardive de la grossesse, une impossibilité à communiquer sur elle, une incapacité à l'accepter, à se projeter, à investir l'enfant, à se vivre comme mère. Cette maternité niée ou ignorée devient invisible, passe inaperçue. Et cette inconcevable invisibilité est déjà en soi le signe d'un dispositif porteur d'une violence et d'une puissance inouïes. Selon la plupart des psychiatres qui se sont penchés sur ce problème, le mécanisme qui se met en place se joue à un autre niveau que celui de la conscience et de l'intention. Il ne s'agit pas seulement d'un bébé qui n'est pas désiré, pas voulu, pas souhaité car il est aujourd'hui des moyens plus simples pour se débarrasser d'un enfant que d'attendre de le voir naître. Ce n'est pas que cet enfant ne soit pas attendu, c'est surtout qu'il est inattendu. La femme est surprise d'accoucher, prise au dépourvu. C'est une constante dans ces affaires, un constat qui ne rend pas la mort de ces bébés moins triste, moins bouleversante, mais qui permet peut-être de comprendre en quoi le néonaticide comporte sa spécificité. Ensuite, il s'agit de savoir si cette spécificité est suffisante pour être reconnue devant un tribunal. Il s'agit de déterminer le sort, pénal ou non, qui doit être réservé à ces femmes.

En France, la question ne fait pas débat. En dehors des intervenants amenés à travailler sur ces dossiers, elle n'intéresse pas grand monde, sauf lorsqu'une mère bien sous tout rapport avoue soudain avoir tué trois bébés à la naissance. Dans les pays anglo-saxons, en revanche, elle suscite de sacrées polémiques.

Sophie, mère courage dans le box des assises

Le gendarme en faction à l'entrée de la cour d'assises de Douai semble d'humeur badine. Pourtant, ce matin-là, la salle d'audience est aussi sombre et triste que l'affaire qui va être jugée. Architecture moderne, mobilier froid, lumière blanche des néons, plafond bas, la pièce n'a pas le décorum, la solennité, la majesté, parfois écrasante, des vieilles enceintes de justice. Le militaire discute avec les plus matinaux, des témoins, des curieux, quelques rares journalistes. Il joue les maîtres de cérémonie avant l'arrivée de l'huissier. Et puis, parce qu'il faut bien évoquer le programme de la journée : « Ah, quand même, c'est terrifiant, hein ! Qu'est-ce qu'elles ont, ces mères ? Qu'est-ce qui leur passe par la tête ? Et le mari qui ne voit rien... Allez, à d'autres ! » Sur le banc du premier rang, une femme jeune et filiforme attend, impassible et légèrement voûtée, les mains nouées sur ses genoux. Elle n'a pas ôté son blouson. Ses cheveux bruns ramenés au sommet de son crâne forment une queue-de-cheval que les adolescentes des années 1980 appelaient un « palmier ». À trente et un ans, elle n'est plus une ado depuis longtemps. C'est une femme mariée, mère de quatre enfants. Le dernier est mort à la naissance, retrouvé dans une bassine, au fond du garage de la maison. L'un des pompiers appelés au domicile du couple a beaucoup pleuré après l'intervention.

Cette nuit-là, le 3 avril 2003, Sophie F. accouche, seule et très rapidement, dans sa cuisine. Le bébé, un garçon, crie une fois. Elle le met dans un sac, appuie sur le cou avec sa main et dépose le corps dans le garage. Franck, son concubin, la surprend en train de nettoyer le sol. Il voit le sang et s'alarme. Il pense immédiatement à une fausse couche – ce ne serait pas la première. Sophie assure qu'elle n'a pas besoin de soins. Il s'étonne de son silence, de son manque de réaction, elle qui a tant pleuré lorsqu'elle a perdu un premier bébé à deux mois de grossesse. Il trouve que, décidément, il y a trop de sang. Il tombe des nues lorsque, quelques heures plus tard, il apprend la vérité. Sophie était enceinte de sept mois, l'enfant est né vivant, il pesait 2,1 kilos, il est décédé d'une asphyxie par compression du larynx. Il regarde celle qui, depuis treize ans, a toujours refusé de l'épouser parce qu'elle est « contre le mariage » mais qui lui a donné trois enfants dont elle s'occupe comme une mère louve. Il la regarde soudain vraiment, comme il ne l'a plus fait depuis très longtemps.

Elle était à la maison avec les petits, elle gérait l'intendance, s'occupait de tout. Lui travaillait, se rendait aux réunions du conseil municipal, présidait son club de pétanque, rentrait tard et ne la voyait plus. Enceinte encore une fois, Sophie ? Ah, ça, non, il ne s'en est pas aperçu. « Il dit qu'il n'y a que moi dans sa vie, souffle Sophie, je veux bien le croire. Mais il n'est jamais là, alors qu'est-ce que ça change ? »

À la barre ils se relaient tous pour dire à quel point elle est « gentille, calme, serviable et réservée ». À quel point elle aime ses enfants. « Elle les adore, elle ne part jamais sans eux, elle leur donne tout », affirme une voisine. À dix-huit mois, la petite dernière ne marche toujours pas, elle est fragile. Il faut la faire suivre à l'hôpital. Sophie n'a pas de voiture, elle se déplace en bus, ses gamins sous le bras. Elle s'occupe de sa mère malade, des paperasseries, elle aide son frère, qui se perd lui aussi facilement dans les formalités administratives. On ne maîtrise pas forcément très bien l'écrit dans la famille. Franck n'est jamais là. Le boulot, la mairie, le club de pétanque. Quand il lui fait l'honneur de sa présence, il ne parle pas beaucoup. Depuis les faits, il a abandonné son mandat de conseiller municipal. « Mais chez moi je m'ennuie ! » bougonne-t-il.

Pendant les sept mois de sa grossesse, Sophie a continué de mener la même vie. D'abord, et longtemps, parce qu'elle ignore son état. Ensuite parce qu'elle le nie. Il s'agit de ne rien changer, donc, à son quotidien. Conduire les enfants à l'école, faire le ménage, les courses, emmener la cadette chez le médecin, se rendre chez sa mère, prendre le café, tous les après-midi, chez sa belle-sœur. Laquelle lui conseille de se rendre chez un dermatologue pour faire disparaître les marques brunes sur son visage. « Mais jamais je n'ai pensé que c'était un masque de grossesse, affirme la belle-sœur. Je ne l'ai pas vue grossir. » Une autre voisine, estampillée « meilleure amie », vient elle aussi déposer. Et, comme les autres, elle n'a rien vu. « De toute façon, on ne parlait pas de sa vie privée. On parlait plutôt de la pluie et du beau temps. » Pas évident, entre deux considérations météorologiques, de lancer un appel au secours. Mais aurait-elle eu en face d'elle un parangon d'écoute et de perspicacité que Sophie n'aurait pas forcément réussi à verbaliser le terrible poids qui l'écrase. Ce n'est pas dans son ventre que ce bébé, progressivement, occupe tout l'espace. À mesure qu'il grossit, c'est sa gorge qu'il obstrue.

Les experts viennent donc à la barre tenter d'expliquer cette mortifère aphasie. Un psychiatre, d'abord, pour lequel le problème est assez simple. « Elle s'est retrouvée enceinte alors qu'elle prenait un contraceptif. Elle s'est rendu compte trop tard de cette grossesse, sinon elle aurait avorté. C'est donc un échec de contraception. Elle a voulu éliminer cet enfant. Il n'y a pas vraiment de préméditation, elle a plutôt laissé faire. » Sur son banc, Sophie sent plus qu'elle ne comprend que l'expert la compare aux mères infanticides d'antan qui contrôlaient comme elles le pouvaient leur natalité. Elle s'anime, bredouille, et sa voix se fait soudain forte d'une colère mal contenue : « Tuer mon enfant comme un animal... Je n'ai pas fait ça. »

C'est une psychologue clinicienne, un peu plus subtile, qui prend ensuite le relais pour décrypter ce qui a pu se produire au cours de ces longs mois et de cette nuit du 3 avril dans le psychisme de Sophie. « Cette jeune femme n'a pas les mots. Elle ne sait pas communiquer, elle n'a pas beaucoup de capacité d'autoanalyse. Elle fait confiance au corps médical, elle prend la pilule, elle ne peut donc pas être enceinte. Ça prend du temps pour qu'elle réalise. Elle se dit : “Je le suis, je ne le suis pas, mais de combien ? Mais non, je prends la pilule !” Elle insiste beaucoup sur le fait que l'accouchement se passe très vite. Et c'est important. Elle ne s'attendait pas à ça, elle est prise de panique. Si ça avait duré des heures, avec des contractions très douloureuses, tout aurait été différent. L'anxiété l'a débordée. Déjà, en temps normal, quand on accouche à l'hôpital, il y a du stress. Mais là, en plus, elle est terriblement seule, prisonnière de la situation. Sa lucidité est paralysée par les émotions, par l'angoisse. Quand elle réalise ce qui s'est passé, ce n'est pas vivable. Elle était dans le refus de cette grossesse, dans l'incertitude, avec une confiance absolue dans la pilule.

Elle s'est retrouvée dans un très profond désarroi. Elle n'exprime pas beaucoup d'émotion pour ce bébé alors qu'elle s'inquiète vraiment pour ses trois enfants. Depuis, elle a réalisé la gravité de son geste. Elle parle d'un cauchemar. Elle ne comprend pas pourquoi elle a fait une chose pareille. Elle dit : "Je n'ai jamais rien fait et du jour au lendemain je fais ça." »

Et puis, en fin de matinée, après trois heures d'audience, Sophie a de la chance. Le docteur Libert, pédopsychiatre, vient lui aussi livrer son analyse. Il est clair, concis, excellent vulgarisateur. La construction limpide de son argumentation réveille les jurés et passionne l'avocat général, Jean-Marie Descamps, qui clôt sa carrière avec ce procès. « Elle n'avait absolument pas prévu ce qu'elle ferait, elle s'est trouvée prise au dépourvu. Elle était dans une perplexité douloureuse. Il lui était impossible d'annoncer cette grossesse, impossible de dire. C'est une situation imprévue qui la sidère. Elle éprouve du dégoût, dans le sens de la perte de goût, de l'élan vital. Elle n'a pas de rêverie à propos de ce bébé, elle n'a pas compté les mois. Le temps s'est figé. Elle n'a rien préparé, rien imaginé, ni le sexe, ni le prénom. En général chez une mère il y a un sentiment de complétude. Vers cinq ou six mois, la mère est centrée sur ce futur enfant. Sophie a compris qu'elle était enceinte mais le processus psychique ne s'est pas enclenché. Il existe trois sortes de déni de grossesse : le complet ou massif qui dure jusqu'au terme, le partiel, levé en cours de grossesse, et un troisième, atypique ou mineur, dans lequel la femme est simultanément dans le déni et la dissimulation. Elle sait intellectuellement qu'elle est enceinte mais elle ne peut pas investir cette grossesse. L'accouchement est impromptu, il y a un traumatisme psychique et un bouleversement des repères. Dans le cas de Sophie, l'action de faire disparaître l'enfant n'était pas préméditée. Elle a improvisé son acte en raison d'un trouble psychique qui a altéré son discernement. » L'expert se retire sobrement, les jurés le suivent des yeux, l'avocat général se retient d'applaudir, l'huissier semble sonné de découvrir à quel point la maternité peut écraser une femme, la dépasser au lieu de la combler. Il murmure : « C'est passionnant. » Sophie attend que son supplice prenne fin, que la justice, désormais éclairée par ces expertises, décide de son sort.

Jean-Marie Descamps, collier de barbe blanche et rase, regard clair, carrure imposante, choisit pour son ultime réquisitoire de piétiner, une fois n'est pas coutume, les plates-bandes de la défense. « Juger, c'est faire preuve de compréhension, commence-t-il, et sous ses apparences simplistes, cette affaire est aussi complexe qu'une autre. Il y a trois questions à se poser. Comment ? Pourquoi ? Combien, c'est-à-dire quelle sanction ? » À la première interrogation, le magistrat rappelle la triste réalité : « Le meurtre d'un bébé né à la vie, crime puni de la réclusion criminelle à perpétuité. » À la deuxième, il commence par annoncer la couleur : « Voilà une femme, aux moyens réduits mais au cœur gros comme ça, que rien ne prédisposait à commettre un tel crime. Elle est de plus en plus écrasée par ses tâches ménagères, par l'accumulation des grossesses. Quand Sophie sent remuer dans son ventre ce qu'elle a bien compris qu'il était un quatrième bébé, on comprend qu'elle n'ait pas exulté de joie. La petite dernière a dix-huit mois, elle ne marche toujours pas. Son isolement me frappe. Venir nous dire que c'est un mode de régulation des naissances ? Enfin ! Peut-on croire que cette femme a tué de sang-froid ? » À la troisième, il met cartes sur table : « Doit-elle retourner en prison ? Elle a déjà effectué un an, je ne crois pas qu'il faille l'y renvoyer. Néanmoins il faut marquer ce crime qui demeure. Une sanction pour marquer le prix que nous attachons à la vie humaine et pour satisfaire à la culpabilité que cette femme ressent. Je demande les circonstances atténuantes les plus larges et cinq ans avec sursis assortis d'une mesure de probation. »

L'avocat de la défense, maître Raphaël Théry, n'a plus qu'à rappeler l'altération du discernement énoncée par le docteur Libert. Il affirme que, « pour cette mère attentionnée, la sanction, c'est ce cauchemar terrifiant qui ne la quitte pas ». Deux heures de délibéré pour un verdict plutôt conforme aux réquisitions : cinq ans de prison dont quatre avec sursis. Sophie ne retournera pas en prison. Alors que chacun se lève puisque le rideau est tombé, elle éclate en sanglots, toujours seule sur son banc. De soulagement, de fatigue, de chagrin ? Sur cette vie qui a un jour volé en éclats, sur ses enfants dont elle aurait pu être de nouveau séparée, sur ce bébé enterré dans le caveau familial ? En tout cas, elle pleure, avec des larmes qui semblent venir de loin, dans une cour d'assises presque vide. Le gendarme en faction, qui attend en silence, semble avoir découvert l'aménité.

Un fibrome devenu bébé, huit ans de prison à la clé

C'était un court article paru en novembre 1995 dans *La Voix du Nord*[1]. Le service documentation du journal l'avait trouvé par hasard alors que je le contactais pour une autre affaire d'infanticide commis dans la région. Il me l'avait, et c'était fort sympathique de sa part, envoyé par fax.

Pour une cour d'assises, les faits, lourds, n'en étaient pas moins banals. En novembre 1995, Martine D., quarante-deux ans, était reconnue coupable d'infanticide et condamnée à huit ans de prison ferme. L'avocat général avait requis une peine de sept à dix années d'emprisonnement. Il avait notamment dénoncé une « préméditation inconsciente » qui aurait conduit l'accusée à faire disparaître un enfant que, psychologiquement, elle avait refusé de

1. Christian Vincent, « Huit années d'emprisonnement », *La Voix du Nord*, novembre 1995.

porter. L'avocate de Martine, maître Blandine Lejeune, avait pour sa part plaidé l'acquittement, arguant qu'il n'était pas certain à cent pour cent que le bébé, une petite fille, était décédé des suites d'un étouffement volontaire. Selon les médecins légistes, un mouchoir en papier avait bel et bien été enfoncé dans la gorge de Nina mais il était impossible d'en déduire que la mort du bébé avait été provoquée par cette obstruction. La seule certitude était que l'enfant, né à terme, vivant et viable, avait été privé d'air après avoir crié mais sans avoir eu le temps d'établir une véritable respiration autonome. Les débats, au cours du procès, se sont cristallisés sur cette question de la respiration, des causes de la mort, de la possible suffocation. Dans son box, Martine D., elle, a clamé une vérité à laquelle personne ne semblait vouloir prêter attention puisque, de toute évidence, le débat n'était pas là : « Pour moi, dans ma tête, je n'étais pas enceinte, a-t-elle ainsi expliqué. J'ai accouché brusquement et par surprise. Le bébé a crié puis je ne l'ai plus entendu. Il ne bougeait plus. Il avait cessé de respirer. Comme c'était horrible de le voir bouche ouverte, j'ai pris le mouchoir. Je ne sais plus si je l'ai enfoncé. J'ai paniqué... Vivant, je l'aurais gardé. »

L'avocat général a évoqué un « homicide par manque de courage » puisque, d'après lui, Martine D. aurait pu se faire avorter pour ne pas aggraver encore ses graves difficultés financières. Il a parlé du geste inconscient d'une mère qui voulait « cacher l'enfant de la honte », le bébé étant adultérin. Message reçu cinq sur cinq par les jurés de l'époque. Condamnée à huit ans de prison ferme après un an de détention provisoire, Martine D. était retournée en prison.

L'affaire semble *a priori* « classique » et le traitement qui en est fait dans la coupure de presse de *La Voix du Nord* assez révélateur de l'ignorance des magistrats et de l'opinion publique en matière de déni de grossesse. D'après son avocate (contactée au cours de mon enquête), cette femme a vraiment été prise de court par son accouchement et c'est en vain qu'elle a essayé de l'expliquer. Elle est restée inaudible lorsqu'elle a dit et redit, à l'instruction et lors de son procès, qu'elle n'était pas au courant de cette nouvelle maternité. La dimension psychopathologique de sa grossesse et le fait qu'elle ait pu porter cet enfant à son insu constituent deux éléments quasi immédiatement irrecevables, exclus d'emblée des débats. Une phrase relevée dans l'article du quotidien régional résume parfaitement le postulat de départ, le parti pris presque idéologique de la justice (et de la presse probablement) dans cette affaire : « Et l'avocat général de décortiquer les pièces d'un dossier douloureux établi contre une mère de trois enfants qui ne pouvait donc faire croire avoir ignoré son état de grossesse. » Tout réside dans ce « donc ». Les idées préconçues, l'apparent bons sens, et le procès d'intention fait aux femmes. Elle avait déjà trois enfants, elle connaissait la chanson, elle n'allait quand même pas oser faire croire une chose pareille. Plus tard, l'avocat général évoque le manque de courage de l'accusée qui aurait très bien pu recourir à l'avortement. Le magistrat n'a, décidément, pas voulu entendre une vérité qui dérangeait trop ses certitudes. Pour pouvoir envisager l'avortement, encore aurait-il fallu qu'elle s'aperçoive de sa grossesse dans les délais légaux.

Quant à savoir si l'enfant était décédé à la suite d'un geste positif de sa mère ou de ses propres insuffisances respiratoires, il s'agit certes d'un élément capital dans une enceinte judiciaire. Mais il est incroyable que cette question ait constitué le cœur des débats, tandis qu'était complètement occultée la période de grossesse. Comme s'il ne se passait rien pendant ces neuf mois qui puisse expliquer ce geste terrible, comme si les progrès de la psychiatrie, de la gynéco-obstétrique, de la maternologie n'étaient pas parvenus jusqu'aux acteurs de la sphère judiciaire et que ces derniers continuaient de penser qu'une mère devient mère naturellement, instinctivement, dès l'apparition du divin enfant. Comme s'il était possible de juger le néonaticide sans tenir compte des conditions dans lesquelles il se produit, l'accouchement clandestin, la douleur, la panique, et le risque vital pour la mère elle-même.

Il y a encore cette question de la présidente, au cours du procès de Martine, à laquelle les experts ont dû répondre : « Y a-t-il pu avoir “abstention d'un acte positif d'aide à la respiration” parfois indispensable pour aider les nouveau-nés ? » En clair, la mère s'est-elle abstenue de sauver un enfant qui présentait peut-être des difficultés respiratoires ? Dans les minutes qui ont suivi son accouchement, Martine D. a été victime, comme souvent, d'une grave hémorragie et s'est évanouie. Mais une mère digne de ce nom doit, cela va de soi, tout tenter pour sauver son nouveau-né, même si elle se trouve elle-même dans un état critique et si elle n'est pas médecin.

Lorsque je l'ai contactée, l'avocate de Martine, maître Blandine Lejeune, m'a indiqué ne plus être en contact avec cette cliente et ne plus avoir le dossier en sa possession, l'affaire étant trop ancienne. Le nom de famille de Martine, ainsi que la ville où s'étaient déroulés les faits figuraient dans l'article de *La Voix du Nord*. C'est un coup de chance comme il ne s'en produit pas si souvent, une simple recherche via les pages blanches sur internet qui m'a permis d'obtenir le numéro de téléphone de Martine. Elle avait donc purgé sa peine et était revenue s'installer dans la même ville. Lors de mon premier coup de fil, l'une de ses filles m'a répondu.

Évidemment, même lorsque l'on est motivé par les meilleures intentions du monde, passer ce genre d'appel n'est jamais facile. Il faut gagner très vite la confiance de son interlocuteur, éviter de se faire raccrocher au nez, ne pas commettre d'impair rédhibitoire. Malheureusement, ce jour-là, ma tentative ne pouvait pas tomber plus mal. La nuit précédente,

Martine avait été hospitalisée après un malaise cardiaque et se trouvait alors dans un service de réanimation. Sa fille m'a de bonne grâce donné ces explications. Avant de très gentiment m'éconduire, elle a brièvement répondu à quelques questions. « J'avais seize ans au moment du procès, j'étais témoin. Ça ne se voyait pas que ma mère était enceinte. Cette nuit-là, mon père n'a rien fait pour l'aider. Elle s'est vidée de son sang. Heureusement quelqu'un est arrivé pour l'emmener à l'hôpital. Elle a fait six ans de prison. Ç'a été très dur. On ne lui a pas fait de cadeau. Nous, on nous traitait d'enfants de meurtrier. Ma mère a été exemplaire, elle a continué à nous donner tout son amour. »

J'ai attendu deux mois puis j'ai adressé une lettre à Martine dans laquelle j'expliquais mon travail, l'objectif de ma recherche et la nécessité pour moi de rencontrer des femmes comme elle. Une lettre comme une bouteille à la mer, sans certitude d'obtenir un jour une réponse, avec, plutôt, la certitude de n'en obtenir jamais.

Cette fois, c'est son fils qui m'a répondu. Il voulait s'assurer de mon identité, de ma bonne foi, de mes intentions. J'ai senti le rempart de protection dressé par ses enfants autour de cette mère fragilisée, et puis la curiosité, aussi, face à une étrangère qui, tout à coup, s'intéressait à leur histoire. J'ai fini par rendre visite à Martine, dans son petit appartement impeccablement tenu. La voix était abîmée suite à une ancienne tentative de suicide par pendaison, donc, trompeuse. Je m'attendais à rencontrer une femme vieille avant l'âge, physiquement marquée. Il n'en était rien, ou à peine. À cinquante-cinq ans, avec quelques années de prison à son actif, Martine est une femme certes fatiguée, en témoigne la faiblesse de son cœur, mais elle a le port de tête altier, les cheveux bruns et épais d'une Carmen, l'orgueil et le sens de l'honneur qui vont avec et des jambes au galbe de jeune fille. Elle se montre d'une très grande précision quant aux dates, aux faits, aux noms, aux numéros de cellule ou de matricule, aux dialogues qui ont émaillé son procès. Elle ne dit jamais « Je ne sais plus ». Elle est souvent au bord des larmes mais à aucun moment ne les laisse couler.

L'accouchement, elle s'en souvient très bien. « C'était le matin du 18 octobre 1991. Je ne savais absolument pas que j'étais enceinte. Je n'avais eu aucun symptôme, j'avais pris très peu de poids. Je ne sentais aucun mouvement. En plus, j'avais un fibrome. J'avais fait beaucoup de fausses couches et, avec les curetages, j'avais chopé ça. En 1990, j'ai fait une échographie et j'ai vu le fibrome. Ça ressemble à un fœtus. J'étais déçue, d'ailleurs. J'aurais bien aimé avoir un autre enfant. Le médecin m'a dit que maintenant ce serait impossible. Lorsque je me suis retrouvée enceinte de ce bébé, je prenais la pilule. J'avais mes règles et donc aucune raison de penser que je pouvais l'être. Ce jour-là, j'avais même pris une journée de congé car, justement, j'étais indisposée. À cause de mon fibrome, pendant ces moments-là, j'étais pliée en deux de douleur, je ne pouvais même pas aller travailler. Quand le bébé est sorti, j'ai cru que c'était mon fibrome. J'ai compris quand elle a crié. »

Martine se souvient des deux gendarmes à l'entrée de sa chambre d'hôpital. Elle se souvient d'avoir pleuré et réclamé son bébé. Sa sœur lui aurait répondu : « Tu ne le verras pas, il est mort. Les flics vont venir. » « À l'hôpital, on m'a annoncé que j'allais en prison. On est venu me chercher avec un fauteuil roulant. On m'a demandé d'enlever mes bijoux et on m'a conduite dans ma cellule, la 207. J'avais le matricule 843. On m'a récapitulé les règles : lever à 7 h 30, petit déjeuner, vider les poubelles, s'habiller pour répondre à l'appel. Une avocate commise d'office est venue me voir pour m'expliquer qu'on m'inculpait pour infanticide. Je ne comprenais pas. J'ai eu droit à la panoplie complète. On m'a accusée de l'avoir noyée, étranglée, étouffée. Et je n'ai même pas eu le droit d'aller à l'enterrement de Nina. »

Martine nie avoir tué cette petite fille qu'elle a cru morte, malgré le cri primal. Elle répète s'être très vite évanouie après un accouchement qu'elle qualifie de rapide, de violent et de très sanglant. La justice a en tous cas lourdement condamné cette femme sans tenir compte du contexte très particulier de sa grossesse et de son accouchement. Huit ans de prison, c'est la peine qui serait infligée à un père incestueux, un dealer ou un violeur. Encore doit-elle s'estimer heureuse. Le code pénal prévoyait à l'époque de dix à vingt ans de réclusion criminelle. Aujourd'hui, un tel crime est encore plus durement réprimé puisqu'il est passible de la réclusion criminelle à perpétuité. « Maintenant, je n'ai plus de rancœur, assure Martine. J'ai l'amour de mes enfants. Pour eux je suis une bonne mère, c'est le principal. Mais je ne peux pas oublier à quel point ils en ont bavé, et ça, pour moi, c'est trop cher payé. Ils ont dû changer d'école, les gens les traitaient de gosses d'assassin. Lorsque j'ai été arrêtée, à la maternité, la police les a interrogés, en leur montrant le corps du bébé. Mon plus jeune avait onze ans. Il était né grand prématuré, il était fragile, toujours collé à moi. On était très fusionnels. C'était mon petit oisillon. La séparation a été terrible. Il s'est retrouvé en foyer. Il a grandi d'un coup. »

Il doit bien exister une autre façon de rendre justice à ces bébés tués au moment de leur venue au monde. Une autre façon de les faire exister dans la conscience, dans la mémoire, dans l'histoire de ces femmes et de leurs familles si elles n'y parviennent pas toutes seules. Du sursis, une condamnation explicite mais assortie d'un suivi médical, un procès en bonne et due forme qui les aide à prendre conscience de leur acte, si ce n'est, encore une fois, déjà fait, mais sans cette terrible épée de Damoclès au-dessus de la tête que constitue la prison ferme. Rendre la justice, au nom de la victime, au nom de la société, oui. Mais que signifie rendre la justice au nom d'un bébé mort à peine né quand il faut pour cela sacrifier toute une famille ?

Après le procès, pour Martine, ce sera la cellule 107 et le numéro d'écrou 125. « Là-bas j'étais toujours la tueuse d'enfant. J'ai dû me battre, au sens propre, moi qui avais toujours été du genre plutôt docile. J'ai travaillé, j'ai fabriqué des paniers pour chien, des housses de clic-clac. Je n'arrêtais pas de me dire que si je m'étais rendu compte que j'étais enceinte, tout ça ne serait pas arrivé. Un psy que je voyais en prison m'a expliqué que je n'étais pas la seule et que la justice avait du mal à comprendre ce phénomène. Au début, juste après le procès, mes filles ne voulaient pas se marier, pas avoir de bébé. Elles avaient peur. Elles ont changé d'avis, tant mieux ! J'ai appris que j'étais grand-mère en prison et pour la première fois depuis longtemps j'ai souri. Lorsque j'ai été libérée, en 1999, une assistante sociale leur a demandé si elles n'étaient pas un peu hésitantes à l'idée de confier leurs enfants à leur mère. Elles ont répondu non. »

Martine va régulièrement sur la tombe de la petite Nina, dont elle croit se souvenir qu'elle était rousse. Ce détail-là, pour elle, est venu donner un peu de sens, un peu de rationalité à une histoire qui n'en avait pas. Elle l'affirme avec aplomb, et avec une imagination certainement salvatrice : « Oui, Nina était rousse et c'est normal. J'ai continué à avoir des règles pendant qu'elle était dans mon ventre. Quand les mères saignent pendant leur grossesse, le sang imprègne les cheveux, les enfants naissent roux. »

Baptiste, du sac-poubelle à l'amour maternel

La nuit du 13 juin

Ce souvenir ne la quitte pas. Elle est à la maternité, elle a du mal à émerger des limbes du cauchemar. On vient à peine de la recoudre. Elle pleure et réclame son bébé. Au bout de quelques minutes, deux sages-femmes le lui amènent, encadrées de deux policiers. Elle tend les bras vers le nourrisson. Il n'y a pas d'agressivité dans la voix du policier mais pas d'hésitation non plus : « Non, vous n'avez pas le droit de le toucher. » L'enfant et son escorte repartent.

Dans la région, et dans le milieu judiciaire, quand il est question du déni de grossesse et de l'infanticide, certains disent : « On a une belle affaire en ce moment, vous la connaissez ? » La belle affaire dont tout le microcosme parle, c'est elle. Cécile, quarante-deux ans, avouée à la cour d'appel, qui, dans la nuit du 13 au 14 juin 2003, a déposé un sac-poubelle sur le trottoir en face de chez elle. Dans le sac, un bébé. Stupeur au palais. Une robe noire vient de rejoindre la cohorte des bonnes engrossées par le châtelain, des mères de famille nombreuse affolées par la grossesse de trop, des adolescentes prisonnières de leur secret. Cécile ne leur ressemble pas *a priori*. Ce n'est pas une ado, ni une femme seule, ni une psychotique, ni une personnalité intellectuellement ou socialement carencée. Au contraire. Plutôt brillante, ambitieuse, vivant en couple, elle est déjà la mère aimante et attentionnée d'un petit garçon de trois ans. Elle ne correspond pas au profil type de la mère infanticide. Parce que ce profil type, justement, n'existe pas. Chaque grossesse occupe une place particulière dans la vie d'une femme, que celle-ci soit ouvrière, artiste ou médecin. Chaque grossesse, indépendamment de son rang, vient combler ou inquiéter la parturiente, apaiser des angoisses ou réactiver des blessures anciennes. Le premier bébé n'est pas un défricheur, un éclaireur qui va préparer le terrain à jamais, pour les deux ou trois prochaines maternités. Ça peut être vrai d'un point de vue biologique (et encore), ça ne l'est absolument pas d'un point de vue psychique. On peut être une juriste émérite, une professionnelle aguerrie et pugnace, une bonne mère, et perdre, face à une grossesse imprévue, le contrôle qu'on a toute sa vie voulu s'imposer.

Une famille tranquille, une scolarité tranquille, une enfance tranquille, longtemps, pour Cécile, l'existence a semblé couler de source. Son père n'était pas beaucoup là, ce n'était pas encore l'époque de la paternité volontariste, sa mère, au foyer, se dépensait pour deux. Une maman très présente, avare ni de son temps ni de son amour, soucieuse du bien-être de ses trois enfants. Et puis survient le premier événement traumatique. Cécile a vingt-six ans, elle est en voiture avec sa mère, qui conduit, et une amie. Il pleut beaucoup, ce jour-là, sur l'autoroute la visibilité et la stabilité des véhicules sont réduites. La voiture dans laquelle se trouve Cécile ne peut éviter l'aquaplaning, elle vient percuter violemment la rambarde de sécurité. La conductrice et les deux passagères, sonnées, sortent du véhicule et viennent s'adosser, tremblantes, contre le rail de sécurité. C'est à ce moment-là que Cécile et sa mère aperçoivent, sous la voiture, le corps d'un homme en K-way bleu, visiblement décédé. Elles ne sont pas les premières à avoir dérapé sur cette portion d'autoroute et elles viennent vraisemblablement d'écraser un conducteur qui les a précédées. Le choc est terrible. La mère de Cécile s'effondre en larmes dans les bras de sa fille, bouleversée de découvrir cet automobiliste sous les roues de sa voiture. Cécile la prend dans ses bras mais n'a pas le temps de la calmer. Un troisième conducteur vient à son tour de perdre le contrôle et son véhicule, après un long dérapage, fauche les trois femmes. La maman est tuée sur le coup, les deux passagères sont grièvement blessées. Cécile passera un an en fauteuil roulant et ne sera définitivement remise qu'après deux années de rééducation. Plongée dans le coma, elle n'assistera pas à l'enterrement de sa mère.

Pour surmonter ce drame, elle ne ressent pas le besoin d'un suivi psychologique. Elle préfère se réfugier dans le travail. En 1995, après un premier divorce, à l'amiable, avec son compagnon de l'époque, elle épouse Antoine, un avocat. Elle aime la vie de couple mais ne se sent pas prête à avoir des enfants. Elle trouve les bébés mignons, attachants, mais chez les autres. La grossesse ne la fascine pas plus que ça. Et puis, petit à petit, le désir naît. Elle s'y verrait bien. Elle regarde avec envie les femmes enceintes. Elle sent que c'est le moment. Son corps, lui, refuse d'obéir à son envie de maternité. Ça ne marche pas. Son médecin lui prescrit de la progestérone pour réguler ses cycles. Ce petit coup de pouce suffit, enfin, presque, il faut aussi un peu d'amour et de sueur, puisque n'est pas Marie qui veut.

En décembre 1997, Cécile est enceinte et ravie. Le bébé doit arriver le 17 septembre 1998. La grossesse se passe merveilleusement bien, Cécile s'arrondit, elle pense à des prénoms, prépare la chambre, se perd dans les modèles de poussettes et de sièges auto. La dernière échographie, en juillet, montre un bébé en bonne santé au développement harmonieux. En août, Cécile se sent particulièrement fatiguée.

C'est normal, la fin de la grossesse approche, son ventre est proéminent, ses jambes lourdes. Des douleurs dans le ventre la poussent à se rendre à la maternité. Elle s'inquiète, il est encore un peu tôt pour que le bébé vienne. Sur place, le monitoring ne détecte aucune pulsation cardiaque. Le médecin cherche, en vain, un signe de vie. Il doit se rendre à l'évidence et annoncer la terrible nouvelle aux parents. À quelques semaines de sa venue au monde, le bébé est décédé. Pour Cécile et Antoine, qui pendant huit mois se sont préparés au meilleur, la nouvelle est dévastatrice. Et le mode opératoire, dans ces cas-là, l'est tout autant. Cécile doit accoucher en urgence d'un enfant qu'elle sait mort. Apparemment, cela fait bien dix jours qu'elle porte ce bébé inerte dans son ventre. En raison de la date déjà ancienne du décès, les médecins préfèrent ne pas lui montrer le petit Jean. Elle est persuadée de l'avoir senti bouger et ne comprend pas. On lui explique que ce qu'elle a pris pour des mouvements fœtaux étaient en fait des contractions. Aucune raison médicale ne pourra être donnée à cette mort *in utero*. Là encore, le choc est immense. Là encore, Cécile choisit la surcharge de travail comme thérapie.

C'est à cette période qu'elle entreprend des études pour devenir avouée. Le couple se remet, doucement et difficilement, de la disparition de ce bébé tellement fanstamé et jamais vu. Un autre enfant, pas pour remplacer le premier mais pour renouer avec la vie, est envisagé. Cécile reprend un traitement pour réguler ses cycles. Très vite, elle est de nouveau enceinte. Lorsqu'elle apprend qu'il s'agit encore d'un petit garçon, elle pleure, paniquée. « Ça va recommencer », craint-elle. Pour que « ça » ne recommence pas, elle est hospitalisée trois mois avant le terme de la grossesse et fait l'objet d'une surveillance sévère. Monitorings et échographies se succèdent pour s'assurer que l'enfant qu'elle porte sortira bien vivant de son ventre. Elle comprend la nécessité d'une telle surveillance mais supporte mal l'angoisse qui lui est inhérente. Cette grossesse est un calvaire que les médecins décident d'abréger à trois semaines du terme. Le bébé est alors suffisamment développé et solide pour affronter la vie *ex utero*. La naissance de Paul, en parfaite santé, est un soulagement, un bonheur plein, total, sans objection. Pendant deux ans, la vie semble sans accrocs. Paul est un petit garçon en bonne santé, entouré de parents qui l'aiment, le lui montrent et le lui disent. Cécile obtient son diplôme d'avouée et s'achète une charge qui lui permet de s'installer.

Mais peu à peu, insidieusement, la mécanique s'enraie. Une certaine lassitude gagne le couple. Cécile, accaparée par son travail, consacre son rare temps libre à son fils. Antoine, lui aussi, travaille beaucoup. Il a des soucis avec un associé qui le minent. Les deux époux sont facilement irritables. Ils évitent de se disputer devant Paul mais ont du mal à faire baisser la tension qui est en train de noyauter l'amour. Cécile ne se sent plus femme. Elle ne se sent plus exister dans sa chair, elle ne vibre plus, elle ne connaît plus le frémissement de la peau. Forcément, dans ces conditions, elle est particulièrement sensible et réceptive à toutes les sollicitations qui la revalorisent.

Quand elle croise, par hasard, un homme qu'elle a jadis trouvé séduisant et qui lui témoigne un certain intérêt, Cécile savoure son émoi. Il ne lui cache pas qu'il est étonné de la trouver aussi atone, aussi peu soucieuse de son apparence. Il la secoue, l'engage à aller de l'avant. Et si possible, un peu avec lui. Cécile connaît cet éternel tiraillement entre le désir et la culpabilité, et ce plaisir accentué par l'interdit. La liaison dure six mois, au cours desquels elle ne prend aucune contraception. Pour quoi faire ? Avec des cycles aussi anarchiques que les siens, avec deux précédentes grossesses obtenues après un traitement, elle se dit qu'elle ne risque pas de se retrouver enceinte. Comme quoi, à quinze ans comme à quarante, l'émoi amoureux et l'ambivalence du désir d'enfant font toujours bon ménage. Et à quinze ans comme à quarante, on ne sait pas se prémunir contre les blessures d'amour et les blessures d'orgueil.

À partir du mois de septembre 2003, Cécile sent que son échappée belle prend fin. En octobre, l'amant ne donne plus de nouvelles et, en novembre, il annonce la rupture définitive. Cécile encaisse mal le coup. Elle perd son exutoire, et, à la maison, l'ambiance est irrespirable. Antoine est toujours englué dans ses problèmes professionnels. Il est aussi irascible qu'elle. Pour autant, il n'est pas question de séparation. C'est un tabou absolu. Aucun des deux n'ose aborder le sujet. Au mois de février, Cécile se sent très fatiguée. Elle constate qu'elle n'a plus du tout de règles et que son ventre présente un léger renflement. Elle sent monter en elle une vague de panique. Elle ne peut pas y croire, pas elle, pas maintenant. Le test qu'elle achète en pharmacie se révèle négatif. La voilà rassurée, momentanément. Les jours passent et elle se sent étrange, avec cette impression diffuse que son corps n'est plus le même. Elle ne grossit pas vraiment mais elle éprouve une sensation de pesanteur. Elle guette dans le regard d'Antoine, des collègues, des amis une interrogation, un doute. Pour ses deux grossesses, à un mois à peine, on lui posait déjà la question. Il était impossible de ne pas le voir. Là, il ne se passe rien. Quand certains jours l'hypothèse s'impose malgré tout dans son cerveau, parce qu'elle a bien perçu que quelque chose bougeait dans son ventre, elle la repousse, elle l'évacue. Elle se dit : « On verra bien. » Après tout, Jean était déjà mort qu'elle croyait encore le sentir bouger. Elle peut se tromper, c'est tellement subjectif. Elle verrouille sa pensée, elle est fatiguée, elle bute contre un mur.

Début juin, elle prend un café avec un ami avocat, Franck Berton, qui sera, elle l'ignore encore, son défenseur quelques mois plus tard. Il ne fait aucun commentaire sur son apparence physique. Le 13 juin 2003, Cécile assiste à une audience. Le temps est lourd, et, dans la salle, il fait très chaud. L'une des magistrates lui indique qu'elle peut, pour être plus à l'aise, enlever sa robe d'avoué. La jeune femme s'exécute. Aucun regard insistant ne vient se poser sur son ventre. La nuit suivante, elle se couche au côté d'Antoine. Paul dort entre eux. Depuis quelques semaines, le petit garçon, âgé de trois ans, présente des troubles du sommeil. Il a du mal à s'endormir hors du lit parental. Cécile est allongée près de lui lorsqu'elle sent les premières contractions.

D'un coup la réalité brute balaie le brouillard de ces quatre mois. C'était donc vrai. Ce n'était pas un cauchemar. Elle se lève et se rend aux toilettes. Elle n'éprouve pas le besoin de crier. Elle se sent étrangement paisible et calme, comme si toute la tension accumulée ces dernières semaines venait de s'envoler. Elle pousse deux ou trois fois au-dessus des toilettes et le bébé sort doucement, facilement. Elle le saisit avant qu'il ne touche la faïence de la cuvette. Voilà, c'est ainsi. Elle va devoir annoncer la nouvelle à Antoine. Elle vient d'avoir un bébé. Il faut attendre, ne pas réveiller Paul. Elle saisit une des serviettes de toilette pliées sur l'étagère, en éponge bleue, et enveloppe l'enfant. C'est un petit garçon. Encore. Il pousse un cri, qu'elle trouve faible. Elle a l'impression que tout est bleu, la serviette, le bébé. Le K-way aussi était bleu. Le K-way sous la voiture de sa mère. La panique la gagne. Cet enfant ne respire pas, il lui faut de l'air. Elle le prend dans ses bras, l'emmène sur la terrasse. Dehors, il fait bon, tout est calme. Le bébé ne crie pas. Elle va dans la cuisine. Évidemment ! Elle doit couper le cordon, c'est ce qui va l'aider à trouver son souffle. Mais ce bébé est toujours aussi bleu dans sa serviette bleue. Ça recommence. Il va mourir parce qu'elle n'a pas fait suivre sa grossesse. Il va mourir pour la punir. Entre ses jambes, le sang coule. Elle attrape un sac plastique, elle y enfouit le corps de son fils, sort de la maison avec son paquet, traverse la rue, se baisse et le dépose sur le trottoir. Elle se signe et fait demi-tour.

Lorsque la porte d'entrée claque, Antoine se réveille en sursaut. D'un regard il constate que Cécile n'est plus dans le lit, à côté de Paul. Il descend les escaliers et découvre sa femme hagarde devant la porte, la chemise de nuit tachée de sang, les yeux exorbités et bredouillant des paroles incompréhensibles où il comprend qu'il est question d'un enfant mort. Il ne parvient pas à savoir ce qui s'est produit, si elle vient d'être agressée, si elle est grièvement blessée. Elle ôte sa chemise de nuit et lui demande de lui en donner une autre. Antoine voit alors ce qu'il n'a pas vu pendant des mois. « Mais tu es enceinte ! » Elle l'était, plutôt, parce qu'elle vient de faire une fausse couche. L'arrivée des secours ne passe pas inaperçue dans le quartier, le voisin d'en face, réveillé, sort sur le perron de son pavillon. Les pompiers installent Cécile dans le camion. Pendant qu'ils lui prodiguent les premiers soins, le voisin, qui s'apprête à rentrer chez lui, entend des bruits sur le trottoir. Quelques secondes plus tard, il interpelle les pompiers. Il vient de trouver un sac contenant un nouveau-né en pleurs. Le bébé a encore son cordon, qui s'est même enroulé autour du cou. Il est en hypothermie mais il va bien.

Trois ans après la nuit où tout a basculé, et deux mois avant son procès, Cécile fait le point, chaque semaine, avec la psychiatre qui la suit. Elle essaie de comprendre pourquoi elle a été incapable de verbaliser cette grossesse, pourquoi elle a cru cet enfant mort, pourquoi elle a voulu se débarrasser de son corps. Elle essaie, aussi, avec l'aide et l'amour d'Antoine, de préserver la cellule familiale. L'onde de choc aurait pu tout balayer sur son passage. Trois jours après les faits, alors qu'elle est encore hospitalisée, Cécile est donc mise en examen pour tentative d'homicide volontaire sur mineur de quinze ans. L'interrogatoire, violent, essaie de lui faire dire qu'elle a voulu tuer ce bébé. Elle serait une manipulatrice, elle aurait tout manigancé, tout prémédité. Dans un premier temps, le juge d'instruction pense qu'elle l'a étranglé. Antoine est lui aussi mis en garde à vue pour vérifier qu'il n'était pas au courant de cette grossesse. Trois ans ont passé et il ne peut toujours pas s'empêcher de penser qu'il aurait suffi qu'il se réveille plus tôt, juste cinq minutes plus tôt, pour empêcher le terrible engrenage, découvrir le bébé, le déposer dans les bras de sa mère, appeler les secours, raconter comment tout le monde avait été pris au dépourvu par cette naissance et se dire que, finalement, c'était un joli cadeau.

Mais cette nuit-là Antoine s'est réveillé trop tard et il est passé de l'autre côté du miroir judiciaire, celui où se trouvent habituellement ses clients. Pendant que Cécile est incarcérée, il se retrouve seul avec Paul. Le petit Baptiste, car c'est ainsi qu'il a été baptisé, est confié par la justice à sa tante, la sœur de Cécile. Antoine emmène Paul voir sa mère en prison. Ces quelques instants au parloir s'avèrent catastrophiques. Lorsqu'il faut repartir, l'enfant hurle, se débat, tambourine à la porte. Plus tard, Cécile obtient le droit de voir son second fils. Au mois d'août, après deux mois d'incarcération, elle avoue la vérité à Antoine. Elle raconte la liaison et livre ses doutes quant à sa paternité sur Baptiste. Elle se prépare à la demande de divorce. Antoine accuse le coup et la rassure. Il ne la laissera jamais tomber. Il l'aime trop pour se défiler. Il va faire face.

Leur nouvel avocat, maître Franck Berton, obtient la levée d'écrou au bout de six mois et demi de détention provisoire. Une fois dehors, Cécile n'a qu'une idée en tête, récupérer Baptiste. Le juge pour enfants accorde un droit de visite le mercredi puis un droit d'hébergement pour le week-end. Les services sociaux suivent de près le dossier et constatent la qualité du lien qui unit la mère et l'enfant. En juin 2004, lors d'une audience devant le juge pour enfants, la sœur de Cécile estime que sa mission est terminée. Les pédopsychiatres qui suivent Baptiste sont favorables à son retour au domicile familial. Dix jours plus tard, le juge prononce la mainlevée du placement, assortie d'une aide éducative en milieu ouvert. Cécile, Antoine, les deux garçons sont réunis dans une nouvelle maison. Aux murs de celle-ci, de nombreuses photographies attestent le désir d'être heureux, ensemble, en famille. Ce n'est pas forcément facile. Ni pour Cécile ni pour Antoine. Il a décidé de rester aux côtés d'une femme qui lui a été infidèle et d'élever l'enfant né de cette liaison. Le petit garçon, trois ans désormais, vient quêter son attention et son affection. Antoine a du mal à se départir d'une certaine réserve. Mais il essaie de construire chaque jour un lien un peu plus fort avec cet enfant.

À mesure que le procès approche, Cécile a l'impression de vivre avec une épée de Damoclès au-dessus de la tête. Elle est une mère comme les autres, qui se consacre à ses enfants, avec la menace d'en être peut-être de nouveau séparée. Son avocat a réussi à faire requalifier les faits. Elle n'est plus poursuivie pour tentative d'homicide, puisqu'il est finalement établi qu'il n'y a jamais eu intention de donner la mort, mais pour abandon et délaissement d'enfant. Elle n'encourt plus les assises mais la correctionnelle, et peut-être sept ans de prison à la clé.

Et puis, avec l'audience qui arrive, elle sait qu'elle doit préparer les enfants. Son nom peut être exposé dans la presse, les garçons peuvent saisir des bribes de conversation. En accord avec sa psychiatre, elle raconte, comme elle peut, avec les mots les moins évocateurs possible, ce qui s'est produit trois ans plus tôt. Paul, l'aîné, s'étonne : « Mais enfin, maman, pourquoi tu as mis Baptiste dans un sac ? Ce n'est pas bien. » Puis il conclut : « Enfin, c'est fini maintenant. » Quelque temps plus tard, elle va jusqu'au bout de son histoire et explique pourquoi Baptiste est blond comme les blés quand Paul a les cheveux bruns. L'information passe. Difficile de dire combien de temps il faudra pour qu'elle soit digérée et acceptée. Cécile ne vit plus que dans l'angoisse du procès et de l'hypothèque qu'il fait peser sur leur vie à tous. Antoine a le sentiment que tous les efforts qu'il a consentis, toute cette énergie qu'il a déployée pour recoller les morceaux risquent d'être balayés en une journée. De ce procès, il n'attend qu'une chose : « Que la justice, pour notre honneur, pour notre famille, pour Baptiste, reconnaisse que Cécile n'a pas voulu tuer son bébé. »

Le procès

Franck Berton a eu beau opposer un black-out total aux journalistes, l'affaire a eu beau être délocalisée, la presse – régionale – est quand même là. Une juriste de haut vol sur le banc des accusés pour tentative d'infanticide, ce n'est pas commun. Et depuis deux ans, ça fait pas mal parler dans le Landerneau judiciaire. Le procès est prévu pour durer toute la journée. Cécile s'assoit au premier rang et Antoine s'installe derrière elle, avec quelques amis. L'huissier qui les a accueillis est affable et respectueux et s'enquiert du confort de l'accusée. Maître Berton semble plutôt confiant. Il espère « faire le tour du cadran judiciaire », en obtenant, après la victoire de la correctionnalisation, une relaxe pure et simple. C'est un brillant pénaliste, la petite victime se porte à merveille, les expertises sont plutôt favorables, l'accusée bénéficie d'un suivi psychologique très régulier (plus de quatre-vingts rencontres avec la psychiatre depuis les faits), la famille semble avoir retrouvé un semblant de normalité. L'objectif de l'avocat ne semble ni utopique ni irréaliste. Et pourtant.

La présidente du tribunal, entourée de ses deux assesseurs, lit le résumé des faits et rappelle dans quelles circonstances les pompiers sont intervenus en pleine nuit au domicile d'Antoine et de Cécile pour découvrir *in fine* un nouveau-né dans un sac non fermé, en hypothermie (trente-quatre degrés) et avec le cordon autour du cou. « Vous aviez caché votre grossesse à votre entourage, énonce la magistrate, en raison de difficultés conjugales, d'un très gros investissement professionnel, des origines illégitimes de cet enfant et de votre histoire personnelle. L'enfant a crié à la naissance mais vous dites l'avoir cru mort. Le dossier a été requalifié en raison de l'absence d'acte positif tendant à vouloir donner la mort. » L'enquête de personnalité dépeint, selon les témoins entendus, une femme « sympathique et travailleuse », un caractère

« autoritaire et intransigeant dans le travail », une mère « très affectueuse avec Paul ».

Cécile tente ensuite de restituer à la barre l'expérience de cette grossesse particulière. « Je ne me suis pas rendu compte tout de suite que j'étais enceinte. J'ai fait un test en janvier qui s'est révélé négatif. Je n'avais aucun symptôme. Au fond de moi-même, je me demandais : "Il est là ? Il n'est pas là ?" J'étais perdue. J'avais conscience d'être enceinte tout en étant incapable de l'accepter. Je ne dormais plus la nuit, j'étais très irascible, je n'arrivais à en parler à personne. J'ai même vu un médecin traitant à qui j'ai été incapable de dire quoi que ce soit. » L'obstétricien qui a reçu Cécile lors de son arrivée à la maternité a lui aussi été entendu par les services de police : « Elle s'est souciée très vite du bébé. Elle était assommée par ce qui venait de se produire, en état de choc bien que calme et plutôt cohérente. On note une fragilité émotionnelle et des affects dépressifs. »

La jeune femme aura été examinée, au cours de l'instruction, par pas moins de six experts. Certains viennent exposer à la barre, en direct et de vive voix, leur analyse. C'est le cas du docteur Mention, expert gynécologue obstétricien. Il rappelle que pour Cécile il y a eu, avant cet événement, deux cataclysmes : le décès dans des circonstances dramatiques de sa mère et celui, très traumatisant, de son premier bébé *in utero*. Il précise qu'elle a mal vécu sa deuxième grossesse, très surveillée en raison de ses antécédents, et qu'elle ne vivait que dans l'angoisse de la mort de cet enfant. À une question de maître Berton sur le déni, il répond : « Avec le déni, il n'y a pas de grossesse, pas de fœtus, pas d'accouchement, pas d'enfant. Le dernier maillon, c'est l'enfant qui naît. Mais comme il n'existe pas, il est jeté, mis à la poubelle. Là, elle fait un déni partiel. Elle sait qu'elle est enceinte mais elle est enfermée dans une carapace de honte. Elle n'a pas grossi. Elle est passée du 36 au 38, elle a pris une taille de soutien-gorge. C'est important, c'est le signe du refus. On est dans le domaine de l'inconscient profond. J'ai vu plusieurs cas dans des milieux sociaux élevés, dans le paramédical notamment. »

Deux autres experts parlent pour leur part d'un « syndrome subdépressif », d'un « orage émotionnel » et d'un très fort « conflit interne avec phénomène d'évitement ». Le docteur Daniel Zagury, expert psychiatre réputé, a fait le déplacement pour l'occasion. « Elle se savait enceinte mais cet enfant n'était pas investi, souligne-t-il. Ce qui fait l'existence de l'enfant pour une maman, c'est l'anticipation, la chambre rose ou bleue. Là, cet enfant n'a pas été anticipé, il y a eu blocage du processus. Il y a un déni de l'inéluctabilité du terme. Cette représentation est sans arrêt repoussée. C'est une tempête sous un crâne, l'esprit est traversé par des mouvements contradictoires. » Le procureur écoute attentivement le praticien mais ne comprend visiblement pas le lien entre cet enfant non anticipé et son transfert dans un sac-poubelle. « Tout ce qui se passe à ce moment-là relève de l'irrationnel, répond le docteur Zagury. On est dans le télescopage de la mort de sa mère et de la mort de son premier bébé. Elle croyait indiscutablement son enfant mort. Oui, évidemment, la solution qu'elle trouve pour résoudre son conflit est absurde. Si elle avait eu la moindre rationalité, elle ne l'aurait pas déposé sur le trottoir en face de chez elle. La justice cherche des mobiles. Ceux que nous avons à vous offrir sont complexes. On est dans un autre registre. Il s'agit d'une conduite non consciente, non préméditée, on est à la limite de la dissociation psychique. »

Comme il s'agit d'entrer dans le vif du sujet, le médecin précise sa pensée : « Avant de tirer sur quelqu'un, on achète une arme. Là, ce n'est pas le cas. C'est toujours la même chose. Cette femme n'est pas malade mentale. Au sens juridique du terme, elle avait sa conscience. Au sens humain, elle était complètement perturbée. Voilà. Si l'abcès est crevé, si l'enfant est investi, si le couple se reconstruit, si elle continue de se faire aider, il n'y a aucune raison de douter de ses capacités à être une bonne mère. » Plus tard, pendant l'audience, le parquet se tourne vers Cécile et lui demande : « Que pensez-vous de votre geste ? » Elle le regarde, réfléchit : « C'est un geste dur qui ne me ressemble pas. Je ne peux pas me l'expliquer. C'est mal. Je ne comprends pas pourquoi j'ai fait ça. » Puis elle bredouille, en larmes : « Je n'aurais jamais fait de mal à un enfant vivant. J'ai tout perdu. J'ai été séparée de mes enfants. »

Trop petit, Baptiste, évidemment, n'est pas là pour entendre les débats. Il est en revanche représenté par un avocat, qui ne s'était pas exprimé jusqu'alors. Celui-ci se lève pour informer le tribunal de la situation actuelle de son jeune client. « Les rapports des services sociaux sont très élogieux. L'enfant est souriant, épanoui, il se développe normalement. » Puisqu'il a la parole, l'avocat la garde pour enchaîner sur sa plaidoirie : « Ce dossier a beaucoup interpellé les services sociaux qui avaient du mal à le comprendre. Il est singulier en raison du milieu socioprofessionnel des parents mais aussi en raison de son issue particulièrement heureuse et des résultats très positifs du suivi. Comment cela a-t-il pu arriver ? Peut-être parce que ça n'arrive pas qu'aux autres. Notre sentiment, c'est qu'il y a peut-être des éléments qui permettent d'établir la constitution de ce délit. Mais il nous est difficile de dire quel préjudice il peut y avoir. J'ai entendu parler des effets du tabagisme sur la grossesse, des risques liés à l'alcool. Malheureusement je n'ai pas trouvé de conséquences pour un enfant quant au fait qu'il ait passé quelques minutes dans un sac-poubelle laissé ouvert. Il s'agit d'un enfant qui n'a aucun trouble, ni du sommeil, ni de l'alimentation. Les rapports parents-enfants sont particulièrement constructifs. On a eu beaucoup de chance dans ce dossier. Sa mère n'a jamais eu l'intention de donner la mort. Je suis bien obligé de vous demander d'entrer en voie de condamnation mais il est difficile d'aller au-delà du symbolique. Je demande donc à ce que soit alloué un euro à titre symbolique. » Si en plus la partie civile mâche le travail de la défense...

Heureusement pour le sens du défi qui anime Franck Berton, le procureur, lui, a décidé de lui rendre toute son utilité. Comme s'il avait passé la journée à l'audience d'à côté, il livre un réquisitoire féroce. Dans « implacable », parfois, on peut entendre « à côté de la plaque ». « Le jugement de Salomon, ça ne consiste pas à renvoyer les parties dos à dos, commence le représentant du ministère public. Il s'agit de choisir la vérité. L'affaire est profondément choquante. Un bébé se trouvait dans un sac-poubelle sur un trottoir. On est surpris quand on connaît le contexte général de l'infanticide, des jeunes filles un peu frustes. Là, nous avons une femme intelligente avec une certaine aisance matérielle. Mais après tout, les bourgeois aussi ont leurs passions ! Il faut noter une certaine maîtrise des actes, nous ne sommes pas devant une femme désemparée. L'enfant était vivant, totalement viable. Puisque l'intention homicide n'a pas été retenue, a-t-il été l'objet d'un délaissement ? Il a poussé un cri primal et après, selon les seuls dires de madame, il aurait été inerte. Pourtant elle le berce, pourtant elle le ventile. L'accouchement a lieu dans la clandestinité, dans le silence, dans des circonstances matérielles maîtrisées. Le cordon est coupé et il n'y a toujours pas d'intention funeste. Mais il faut constater une chose. Une fois sur le trottoir, il y a bien un risque de mort. Un passant pouvait donner un coup dedans. Il pouvait être à la merci d'un chat, d'un chien, des rats. Cet enfant a été objectivement délaissé, mis en danger vital. Et elle, elle a une seule défense : "Pour moi, il était mort." »

Et le procureur de continuer : « Il y a une dissimulation nette de la grossesse sur la fin en portant des vêtements amples et en continuant à beaucoup travailler. Le mari, qui vit dans le même domicile, qui couche dans la même chambre, ne voit rien. Ça interpelle beaucoup. Comment est-ce possible ? Il n'y a pas pire aveugle que celui qui ne veut pas voir. Le silence des tiers est important. C'est le silence de l'hypocrisie, des petites lâchetés. Nous avons eu plusieurs expertises. Le premier expert parle d'un cas typique d'infanticide où le nouveau-né est vécu comme une menace et il ne retient ni l'abolition ni l'altération du discernement. Les autres, en revanche, retiennent l'altération. On nous dit qu'elle était en proie à un orage émotionnel. C'est lyrique. Chacun sait que l'accouchement est un orage émotionnel. La formule n'est pas spécifique au cas qui nous occupe. On nous parle de contexte subdépressif. Je n'adhère pas à la formulation proposée. Elle est dans une hyperactivité, ça n'a rien à voir avec la dépression. On nous parle du déni de grossesse, d'un phénomène de deuil pathologique, du lien qui se fait entre ces morts et cette naissance impensable. L'analyse est séduisante mais on a fait l'impasse sur l'un des enfants. La deuxième grossesse s'est parfaitement passée. Il n'y a pas eu de déni. Avec cette grossesse non désirée, c'est une gêne objective qui se présente, par rapport à son développement professionnel. La grossesse n'est pas assumée alors qu'elle aurait pu l'être. Elle pouvait s'intégrer dans la vie familiale. Le mari se serait-il vraiment aperçu que cet enfant n'était pas de lui ? La rubrique "Moi, lectrice" de *Marie Claire* est remplie de témoignages qui font état de ces enfants illégitimes s'intégrant parfaitement dans la famille. Elle aurait pu dire cette grossesse, l'intégrer ou même divorcer. Elle nous aurait dit : "J'avais peur de le dire à mon mari, j'avais honte d'avoir commis l'adultère, je n'ai pas assumé ma grossesse", c'était acceptable. Mais se disculper en disant : "Pour moi, il était mort", ce n'est pas acceptable. »

Le magistrat a décidé de bien montrer qu'il n'était pas dupe. Il ne croit pas aux contes de fées. « Aujourd'hui, l'enfant a été restitué à sa famille après un travail et une analyse de sa situation éducative. Sa santé n'est plus compromise selon le juge des enfants. Le problème, alors, c'est : pour quelle sanction opter ? Je vois un écueil : participer à une entreprise de silence. Il n'y a plus rien à voir, circulez. La réponse judiciaire est une réponse de la société. Je veux bien voir cette image de famille réunifiée. Reste le problème de la gestion de l'avenir, du secret. On dit "on explique". Mais on connaît les leçons de la psychogénéalogie. Comment va éclater la vérité ? Je pense à ce film danois, *Festen*. Un jour, il va falloir faire face. La peine doit s'analyser en fonction de tout le monde. Je suis là pour rappeler que cet enfant a failli mourir. Elle dit qu'elle a assez payé. Elle confond son vécu et la peine. Il y a certes des circonstances atténuantes mais à aucun moment je ne souhaite qu'on banalise cette affaire en disant "ce n'est pas grave, c'est un déni de grossesse". Je demande quatre ans de prison, avec du sursis si vous le souhaitez, mais pas trop important, je veux qu'elle retourne en prison. Il y a un risque de récidive spécifique et je ne souhaite pas d'hypocrisie familiale. »

Silence de mort.

À force d'entendre que la justice pouvait se montrer clémente avec les mères infanticides, on avait fini par le croire. Cécile, atterrée, se retourne et cherche Antoine du regard. Il semble stupéfait par la violence de la charge. L'huissier de justice pense avoir une explication. « Vis-à-vis de l'opinion publique, il est difficile de se montrer trop clément. Que diront les gens si demain, dans le journal, ils voient qu'une mère qui a fait ça est condamnée à du sursis ? Et puis, voilà, ce procureur est très attaché aux valeurs de la famille. »

C'est au tour de l'avocat de la défense, qui se lève, avec son regard noir des jours de colère, et ils n'ont pas manqué ces dernières années. « J'ai l'impression d'être aux assises, lâche Franck Berton. J'ai le sentiment que ces réquisitions, on aurait aimé les prononcer ailleurs. J'ai aussi le sentiment qu'il vaut parfois mieux être humble, pauvre, plein d'excuses et dire "j'ai pas fait exprès, il faut me comprendre". Je n'ai pas l'âge d'être pétri de certitudes comme vous monsieur le procureur et de dire : “Madame, au nom de la société et non de votre fils, je demande à ce que vous soyez condamnée.” »

Après cette entrée en matière au courroux contenu, l’avocat s’évertue à repositionner le dossier sur le terrain médical. « Le 15 juin 2003, elle est hospitalisée. Un psy veut la mettre en hôpital psychiatrique. Trop tard. Elle est déjà partie pour la prison. Auparavant, un magistrat instructeur est allé la voir sur son lit d’hôpital pour lui demander : “Pourquoi ne pas l’avoir enterré ?” Si elle avait fermé le sac avec le petit élastique, ce serait mieux ? Si elle est si intelligente, calculatrice, consciente de sa grossesse comme vous semblez le croire, n’aurait-elle pas pu le déposer sur le porche d’une église ? Là, on aurait eu l’excuse absolutoire. Ces circonstances particulières, absurdes, sont la preuve de sa bonne foi. [...] Dans cette affaire, on a une succession d’experts dont quatre inscrits à la cour d’appel de Paris. Ils parlent d’incohérence, de stupéfaction. Elle l’a cru mort, ils sont cinq à vous le dire. Vous avez la certitude de tout savoir. Donc ces gens-là se trompent, très bien. »

Il poursuit, enfin, sur un plan purement juridique : « L’intention, qu’elle soit délictuelle ou criminelle, doit exister. Or, ici, elle n’existe pas. Que faites-vous de tout ce qu’il y a avant le moment où elle le met sur le trottoir ? De ses tentatives pour le faire respirer ? Croyez-vous qu’elle se dit : “Finalement, non, je n’en veux plus” ? On ne peut pas saucissonner l’intention délictuelle. Quand on lui dit “ton enfant est vivant”, elle l’accepte, elle dit “je suis la mère”, très vite, dans le camion des pompiers. Oui, nous avons un problème. Si Cécile pense que cet enfant est mort, où est l’intention délictuelle ? Pour être accusé de délaisser un enfant, il faut au préalable penser que cet enfant est vivant. Ici, le texte ne s’applique pas. On ne peut pas dire d’un côté qu’elle n’a aucune intention d’attenter à sa vie et de l’autre dire qu’elle a l’intention de le délaisser. Je crois qu’en fait on s’est dit : “Ce n’est pas possible, elle ne va pas y échapper, quand même ? Et la morale, dans tout ça ?” La morale entre dans le prétoire là où le droit n’a plus sa place. Sachez-le, elle va porter ça toute sa vie. Parce que, en face d’elle, elle aura toujours un fils qui lui dira : “Maman, pourquoi tu as fait ça ?” La renvoyer en prison, c’est les anéantir tous. »

Le jugement a été rendu dix jours plus tard, le 25 septembre 2006. La voix d’un procureur a eu plus de poids que celle de six experts, d’un brillant défenseur et d’un petit garçon qui, maintenant qu’il est bien vivant, ne demande qu’à vivre près de sa mère. Cécile a été condamnée à trois ans de prison ferme. Elle doit donc encore deux années et demie de sa vie à la justice des hommes. De façon tout à fait inhabituelle, aucun mandat de dépôt n’a été demandé à l’audience et, comme elle a décidé de faire appel, Cécile est restée libre. Jusqu’à quand ?

Lui ôter la vie, lui donner son nom

Un jeune père, amoureux de la mère de son petit garçon, qui gagne chaque mois ce qu'il faut pour faire vivre sa famille, qui rêve d'un deuxième enfant, qui pense à ses prochaines vacances au bord de la mer, pourquoi pas à l'étranger, et qui un jour, en quelques minutes, bascule dans un autre monde, celui où la maternité ne fraie plus avec la rondeur et la douceur. Le deuxième fils que Christophe voulait tant avoir est décédé dans la nuit du 7 septembre 2006, dans la salle de bains de l'appartement, après que la mère du bébé, Céline, vingt-six ans, la femme qu'il aime, a posé la main sur la bouche de l'enfant pour l'empêcher de crier.

Il ne cesse de le répéter : « On avait tout pour être heureux. »

Lorsqu'il entre dans la vie de Céline, trois ans plus tôt, Christophe détonne un peu à côté des récentes relations de la jeune femme. Il est calme, attentionné, respectueux quand ceux qui l'ont précédé dans le cœur et le lit de son amie se sont montrés jaloux, violents et méprisants. Le premier compagnon de Céline, de confession musulmane, laissait son frère régenter sa vie, l'empêchant par exemple de sortir seule ou voulant la contraindre à se marier en Algérie. Elle se met ensuite en ménage avec un garçon bien connu des services de police qui passe son temps à boire, à ne surtout pas travailler quand elle enchaîne les petits boulots, à l'insulter et à la battre. Elle s'enfuit, il la retrouve, et la cohabitation reprend jusqu'à ce que Céline rencontre Christophe et découvre avec émotion qu'un homme peut être doux, galant et protecteur. Grâce à lui, la jeune femme parvient à fuir de nouveau, à changer de vie et de région. En août 2005 naît un petit garçon, Léo. Pour ce bébé, ô combien attendu, Céline prend vingt-deux kilos. « Elle était très heureuse, épanouie, fière de son ventre », se souvient Christophe, des étoiles dans les yeux. Il la revoit le nombril en avant, les reins cambrés, la démarche chaloupée. Christophe rêve d'un foyer uni et paisible au sein duquel sa compagne et ses enfants se sentiraient en sécurité, à l'abri. Il veut reproduire ce qu'il a connu chez ses parents, un de ces couples rares où les petites rancœurs du quotidien n'ont jamais eu raison de l'amour et de l'estime mutuels. Il incite fortement la jeune mère à prendre un congé parental pour profiter au mieux de ce premier enfant.

Il ne s'en rend pas compte, Christophe, parce qu'il l'aime et que pour lui l'amour est forcément bon conseiller, mais Céline fait partie de ces mamans qui vivent mal l'enfermement de la maternité. Ce petit garçon, elle l'adore, elle le soigne, le chérit, le câline. Mais elle étouffe de ces longues journées en tête à tête avec le nourrisson, de cet isolement, de ce manque d'échanges avec l'extérieur et avec des adultes. Elle a toujours travaillé, par nécessité financière mais aussi parce que c'est sa façon à elle de se sentir reconnue. Si le duo fusionnel avec l'enfant peut remplir une mère, la combler, lui donner ce sentiment de complétude, il peut aussi l'oppresser. Christophe, très pris par son activité professionnelle, rentre tard le soir et ne peut la décharger de son maternage. Il ne perçoit pas le mal-être de sa compagne, sa fatigue, sa lassitude. Tellement pas, d'ailleurs, que, tout à la joie de cette récente paternité, à peine Léo âgé de quatre mois, et alors que Céline n'a pas encore perdu tous les kilos de sa grossesse, il envisage déjà un deuxième enfant. Évidemment, elle ne partage pas son enthousiasme et son impatience. Mais Céline n'a jamais su dire non à un homme, qu'il la batte, qu'il l'asservisse, qu'il l'humilie ou qu'il l'aime. Peut-être même est-elle encore moins capable de s'opposer à un concubin qui la respecte. En février 2006, elle cesse de prendre la pilule. Les mois passent, Léo grandit bien, Christophe se sent parfaitement à l'aise dans son statut de chef de famille, et il essaie de ne pas se montrer trop pressant ou trop insistant vis-à-vis de Céline. Il constate qu'elle a du mal à retrouver sa ligne mais s'abstient de tout commentaire ; il ne veut pas passer pour un goujat.

D'après les premières déclarations et explications de la jeune femme, c'est visiblement en juillet, alors qu'elle entame des démarches pour reprendre son travail, qu'elle constate qu'elle n'a plus ses règles et qu'elle se doute alors d'une nouvelle grossesse. Entre juillet et septembre, elle ne dira rien. Elle appelle un après-midi sa belle-mère, dont elle est proche, pour lui parler, mais ce jour-là les deux femmes sont interrompues. La conversation ne reprendra jamais.

Ce qui s'est passé dans la tête de la jeune femme, il est encore tôt pour le dire et le comprendre. La première naissance a visiblement donné lieu à une longue période de déprime, à un sentiment d'isolement et d'abandon. Céline découvre qu'elle est de nouveau enceinte alors qu'elle s'apprête à renouer, avec soulagement, avec la vie active. Une chose est certaine, lorsqu'elle sent les premières contractions le soir du 7 septembre, elle pense faire une fausse couche. Elle n'a pas de ventre, personne n'a détecté sa grossesse, son aménorrhée remonte au mois de juillet. Ce soir-là, Christophe dort dans le salon pour ne pas déranger la jeune femme qui ne cesse de s'agiter dans le lit. La voyant souffrir, s'allonger tour à tour sur le matelas et sur le sol, il propose d'appeler les secours. Elle refuse, argue que la douleur reste supportable, lâche du bout des lèvres que « ce n'est pas la peine, ça va aller ». Christophe préfère la laisser tranquille et s'endort sur le canapé. Céline finit par accoucher accroupie dans la douche et elle panique à la vue de ce bébé de plus de 3 kilos qui ne correspond pas à l'idée qu'elle se faisait d'une fausse couche. Au milieu de tout ce sang, il y a ce corps étrange qui n'éveille rien en elle, sorti de ses entrailles elle ne sait comment. Elle détourne son regard de l'enfant et pose la main sur son visage pour l'empêcher de crier.

Le lendemain matin, lorsque Christophe se lève pour se rendre sur son lieu de travail, il vient la voir dans la chambre afin de s'enquérir de son état. Elle lui apprend alors qu'elle a fait une fausse couche et qu'elle doit se reposer. Il la quitte à regret et, depuis sa société, lui téléphone pour s'assurer qu'elle va bien. Comme Céline ne répond pas à ses appels insistants alors qu'elle est censée se trouver au domicile avec Léo, Christophe sent la panique le gagner et il demande à sa mère de passer voir la jeune femme. Une heure plus tard Céline, très affaiblie par une importante perte de sang, est hospitalisée en urgence. À l'hôpital, Christophe apprend que « c'est plus grave qu'une fausse couche ». Ce sont les gendarmes qui finissent par lui annoncer que sa femme vient vraisemblablement d'accoucher d'un enfant à terme. Le jeune homme doit les accompagner chez lui, avec le Samu, pour trouver le corps du bébé. Il est prié d'attendre sur le palier pendant la macabre recherche. « Je ne tenais plus sur mes jambes, se souvient-il. C'était atroce. » Les gendarmes retrouvent le nouveau-né dans un vanity-case, dans le garage, près du congélateur. Un petit garçon de 3,4 kilos et 47 centimètres. À quoi Christophe, qui a assisté, un an plus tôt, à la naissance de son premier fils, a-t-il pensé à cet instant précis ? Il répond immédiatement, sans avoir à réfléchir. « À sa détresse à elle, à ce que j'avais loupé. » Il ne comprend pas, évidemment. Mais il refuse de condamner. « On était bien, vraiment bien ensemble. Qu'est-ce que je n'ai pas vu ? J'ai fait abstraction de l'horreur de la situation. Je n'ai pas envisagé une seule seconde à l'abandonner. J'ose même croire que notre amour sortira renforcé de tout ça. »

Le soir même, Christophe se rend chez ses parents leur annoncer la terrible nouvelle. Lui, André, l'ancien gendarme devenu artisan mécanicien, elle, Jeanou, la mère de famille ayant consacré son temps et son énergie à sa progéniture, elle qui a lavé le sang dans la salle de bains, tous les deux écoutent l'épouvantable récit de leur fils. Ils accusent le coup, digèrent l'information. Ils sont les grands-parents d'un enfant mort de la main de sa mère. Ils n'ont rien vu, rien remarqué chez cette jeune femme qu'ils ont accueillie comme leur fille, rien décelé dans son physique, dans son comportement qui indique une grossesse. Ils décident qu'il n'y a pas beaucoup d'options envisageables. Il va falloir essayer de comprendre. Surtout, il va falloir soutenir cette jeune maman, parce que, ils en sont persuadés, sa souffrance doit être immense. « Il ne faut quand même pas avoir fait Polytechnique pour comprendre que cette gosse n'était pas dans son état normal quand elle a fait ça, estime le père de Christophe. C'est une fille adorable, une très bonne maman. »

Après les faits, la juge des libertés a décidé de ne pas incarcérer Céline. Cette décision n'a pas eu l'heur de plaire au parquet qui a immédiatement fait appel. Le 26 septembre, Céline, Christophe et leur avocat se sont donc rendus tous les trois à la cour d'appel qui devait statuer sur l'éventuelle mise sous écrou de la jeune femme. Au retour, dans la voiture, ils n'étaient plus que deux. Quelques minutes avant que les magistrats rendent leur décision, l'huissier a fait discrètement entrer les gendarmes car « on ne sait jamais ». Bonne intuition, mauvaise surprise. Les juges de la cour d'appel ordonnent l'incarcération immédiate de la jeune femme. Elle est emmenée sur-le-champ et sait qu'elle ne reverra pas son petit garçon avant longtemps. « C'était très dur, se souvient Christophe. Dès que les magistrats se sont prononcés pour la détention provisoire, les policiers lui ont mis les menottes dans le dos et lui ont fait traverser comme ça la salle des pas perdus. Elle sanglotait. Je vais la voir deux fois par semaine à la prison. Pour le moment, je n'ai pas emmené Léo, c'est trop difficile. Dès que je prononce son prénom, elle fond en larmes. »

Céline a pu bénéficier d'une autorisation de sortie pour assister à l'inhumation de son second fils. Elle a demandé à lui donner son nom de famille : « Je lui ai enlevé la vie, je veux lui redonner quelque chose. » Depuis sa cellule, elle écrit beaucoup.

Voici deux de ses lettres.

Le 2 octobre 2006

Chère Jeanou, cher André,

En réponse à votre lettre, je vous envoie de mes nouvelles et en prends en même temps. Tout d'abord, je vous remercie pour tout ce que vous faites pour Léo. Je m'inquiète énormément pour lui. J'ai peur de ne pas le voir grandir et encore plus qu'il me reconnaisse pas. Il me manque énormément et j'ai du mal à accepter cette rupture brutale et rapide. Je sais que vous faites tout votre possible pour notre petite famille, ainsi que de me faire sortir d'ici, mais les journées sont longues et interminables. Ça se résume à des sentiments d'angoisse et de désespoir, mes hommes sont loin et je voudrais tellement être auprès d'eux et que notre vie reprenne comme avant. Il faudra être patiente, je voudrais tellement revenir en arrière, je ne me pardonne pas, c'est dur !!! Je me raccroche à Léo qui me donne tant de bonheur et je sais qu'il a besoin de sa maman. Ma motivation est de reconstruire ma vie, je me bats pour ça, malgré qu'il y a des jours avec et des jours sans. J'espère que vous allez tous bien. Nathalie et Greg sont arrivés au garage, ça va vous faire du bien et vous changer les idées... Je pense bien fort à toute la famille et préférerais être à vos côtés... Si vous souhaitez venir me voir, j'en serais très heureuse. Ça me redonnerait un peu de baume au cœur et du courage pour la suite. Je vous embrasse tous. Avec toute mon affection,

Céline

P.-S. Merci pour les timbres.

***

Le 19 octobre 2006

Cher André et toute la famille,

Je me permets de vous écrire pour vous envoyer de mes nouvelles. Désolée de ne pas l'avoir fait plus tôt, j'avais besoin, je pense, de recul, et de commencer un travail sur moi-même. Grâce à l'aide du psychologue et du psychiatre, je commence à répondre à des questions bien lointaines, je me livre peu à peu. Je comprends ma pathologie, ça sera encore long et périlleux. Je sais que je suis quelqu'un de fragile et parfois déstabilisée par ma susceptibilité, j'ai peur de la solitude synonyme pour moi d'abandon. Mon manque de personnalité ne me permet pas de m'affirmer et de prendre des décisions sérieuses. Tout viendra, avec le temps, je reprends confiance en moi et me raccroche à ma reconstruction. Je pense être sur la bonne voie, je me pose encore beaucoup de questions, je réfléchis énormément. Chaque jour je pense à mon acte bien réel, ma culpabilité me pèse et je pense que ça ne s'effacera pas...

Mes forces sont bien sûr Christophe et Léo, je me bats pour eux, qu'on retrouve un peu la paix et la chaleur de notre foyer. Je mets tout en œuvre pour sortir d'ici, je croise les doigts pour que ce ne soit plus très long. Car la non-présence quotidienne de mes êtres chers me coûte au plus profond de mon cœur. Pour le moment, je reste forte et je veux sortir la tête haute sans me retourner vers cet enfer. Christophe me raconte souvent les péripéties de Léo... Je ne vous remercierai jamais assez pour tout ce que vous faites. Je m'excuse encore une fois de vous mettre dans une telle situation et tous les soucis que j'occasionne. Je sais que Léo n'est pas malheureux, je fais entièrement confiance à Jeanou qui doit le choyer comme elle peut. Il doit lui donner beaucoup de travail, vu l'énergie qu'il dégage. Il me manque affreusement comme vous pouvez vous en douter. Ma petite crevette d'amour, mon rayon de soleil. Tout a pris de l'importance depuis que je suis incarcérée, les émotions sont multipliées. Je sais que le soleil va briller à nouveau. Je fais confiance à la justice en espérant que je sois vite de retour. Je ressens aussi le besoin d'être présente à l'inhumation du petit, je pourrais enfin faire le travail de deuil. Ça sera encore difficile à vivre, en ce qui me concerne c'est une étape pour me permettre d'atténuer une certaine souffrance.

Je me dévoile enfin petit à petit, les brèches sur le mur de ma vie sont encore enfouies, celles qui bouffent l'intérieur. Tout cela pour vous dire que je suis heureuse d'être entourée, j'aurais tellement aimé vous parler dans d'autres circonstances. Merci beaucoup du fond du cœur. Vous me manquez tous. Je vous embrasse. Avec toute mon affection,

Céline

Resté seul avec son fils de seize mois, très entouré par ses parents, Christophe ne peut s'empêcher, comme tous les pères confrontés à ces situations insensées, de réécrire l'histoire. Et s'il avait vu ce ventre lourd, s'il était resté couché près de Céline, s'il était entré dans la salle de bains. Et si... il aurait aujourd'hui deux fils et une compagne en liberté. Il ne peut pas sombrer. Un enfant est mort mais un autre, bien vivant, privé de sa mère, a besoin de lui.

Le déni face à la justice

À l'occasion de l'affaire Courjault, dite aussi « affaire des bébés congelés », en octobre 2006, la question de la loi, de la sanction, de la responsabilité pénale, du traitement judiciaire réservé à ces mères infanticides s'est soudain posée avec une nouvelle acuité. Véronique Courjault a été mise sous écrou à l'issue de ses aveux passés en garde à vue. Marinette Pézin, dont les trois bébés ont été déterrés dans un jardin de Contres (Loir-et-Cher) à la même période, a été laissée en liberté. Certaines femmes qui tuent leur nouveau-né dans les minutes qui suivent l'expulsion bénéficient d'un non-lieu quand d'autres vont être poursuivies pour homicide sur mineur de quinze ans. La majorité de ces inculpées sont incarcérées dès leur sortie de la maternité. Lors du procès, la plupart écopent d'une peine de prison assortie d'un sursis ou d'une peine de prison ferme couvrant la détention provisoire.

En septembre 2006, alors que l'enfant, déposé dans un sac-poubelle, sur le trottoir devant chez elle, n'est, finalement et heureusement, pas mort, Cécile a été condamnée à trois ans de prison ferme. En juin 2006, Louise, après deux ans de détention provisoire, a écopé d'une peine de huit ans ferme. En novembre 2006, Gabrielle, contre laquelle ont été requis dix ans de prison, se voit infliger un sursis. Deux ans plus tôt, Sandrine était acquittée. En d'autres termes, une véritable loterie judiciaire, pour des faits remarquablement identiques dont, à chaque fois, les experts psychiatres sollicités ont expliqué qu'il fallait les lire à travers le prisme du déni. Dans son étude[1] menée auprès de vingt-sept parquets sur les morts suspectes d'enfants de moins de un an, l'équipe coordonnée par Anne Tursz constate que les suites judiciaires données aux néonaticides « sont très variables pour des actes semblables ».

Cette étude livre également le constat suivant sur les décès d'enfants de moins d'un an : « Les suites judiciaires ne sont liées ni au sexe de l'enfant, ni au lieu de l'événement à l'origine du décès, ni à la situation socioprofessionnelle des parents, ni à la situation matrimoniale de la mère (seule ou en couple), ni à l'existence d'antécédents de maltraitance dans la fratrie. En revanche, on note des relations significatives avec l'âge de l'enfant lors du décès (69 % de poursuites si l'enfant avait moins de deux mois,

1. Voir note 1, p. 104.

contre 23 à 36 % pour les tranches d'âge suivantes). »

Sur les deux cent dix-huit cas de mort suspecte analysés, cette enquête relève vingt-deux cas de néonaticides. Sur ces vingt-deux cas, trois ont fait l'objet d'un classement sans suite, sept d'une ordonnance de non-lieu et douze d'une mise en examen. Le taux de poursuites (ici de 54,4 %) s'avère donc plus élevé pour un néonaticide que pour un filicide (meurtre de l'enfant de plus de un an), de 23 à 36 % en fonction des tranches d'âge. Les mères qui tuent leur enfant à la naissance sont rarement reconnues pénalement irresponsables. Lorsqu'elles le sont, c'est parce qu'elles souffraient déjà d'une maladie psychiatrique avant leur grossesse ou parce qu'une psychose puerpérale survenue au moment de l'accouchement a été diagnostiquée. Or d'une part toutes les études montrent que préexistent rarement des antécédents psychiatriques chez ces mères, d'autre part la psychose puerpérale, grave trouble psychiatrique qui touche la jeune mère et qui pourrait aboutir à un non-lieu, ne survient pas, d'après les connaissances actuelles de la médecine, dans les heures qui suivent l'accouchement mais des jours, voire des semaines plus tard. Si le déni de grossesse, très souvent diagnostiqué chez les mères qui commettent un néonaticide, conduit certains experts psychiatres à se prononcer pour une altération du discernement, il ne peut suffire à motiver une abolition totale. La majorité des mères qui commettent un néonaticide ont donc à répondre de leurs actes. Ce qui pose un certain nombre de questions au nombre desquelles : quels faits punir et comment les punir ? Au nom de qui et dans quel but ?

Le droit pénal face à l'infanticide

L'infanticide a toujours interpellé le législateur et provoqué un hiatus entre le caractère répressif de la loi et la relative clémence des jurys populaires. Dans les textes de loi, jusqu'en 1994, l'infanticide est considéré comme le meurtre de l'enfant nouveau-né, même s'il n'a jamais été précisé, contrairement à d'autres législations étrangères, ce qu'il faut entendre par « nouveau-né ». Hormis sur une période courte et récente, les textes ont eu plutôt tendance à réprimer sévèrement ce crime particulier. L'édit d'Henri II de février 1557[1] prônait la peine de mort pour le meurtre du nouveau-né par sa mère et rendait obligatoire la déclaration de grossesse et la déclaration d'accouchement. La preuve du crime était en effet apportée par trois présomptions : le fait de cacher sa grossesse, d'accoucher clandestinement et de priver son enfant d'une sépulture chrétienne. Ce sont en effet des considérations religieuses qui ont conduit Henri II à la rédaction de ce texte

1. Lire notamment Jean-Marie Carbasse, *Introduction historique au droit pénal*, Presses universitaires de France, 1990.

puisque l'infanticide, en privant la victime de baptême, constituait un crime contre Dieu. Une femme qui n'avait pas déclaré sa grossesse, qui accouchait dans le secret et dont l'enfant mourait à la naissance devait donc être reconnue coupable du crime d'infanticide. Une argumentation qui tient encore aujourd'hui lieu de réquisitoire chez certains avocats généraux lorsqu'ils demandent aux jurys populaires d'entrer en voie de condamnation, en martelant l'évidente intentionnalité du crime fondée sur ces deux présupposés que la grossesse a été dissimulée et que l'accouchement est survenu dans le secret : « un acte volontaire et monstrueux », « il y a eu une dissimulation nette de la grossesse et ce n'est pas acceptable », « elle ne pouvait pas ne pas savoir qu'elle était enceinte, c'est une préméditation inconsciente ».

En 1791, le premier code pénal institué par les révolutionnaires faisait disparaître la notion d'infanticide. Il s'agissait, selon Xavier Lameyre, magistrat chargé de formation et de recherche à l'École nationale de la magistrature, de « laïciser » les lois et d'en supprimer des notions qui avaient plus à voir avec la morale religieuse qu'avec le droit. L'absence de cette incrimination spécifique d'infanticide sera de courte durée. En 1810, sous l'impulsion d'un retour à l'ordre moral, l'infanticide apparaît de nouveau dans le code pénal. La législation napoléonienne revient à une position sévère en restituant à l'infanticide la nature d'un crime spécial, toujours puni de mort, quel qu'en fût l'auteur, la mère ou un tiers.

Du fait de cette législation intransigeante, les jurés, qui comprennent bien que les femmes qui leur sont déférées ne sont pas des monstres, préfèrent se montrer cléments et acquittent fréquemment les accusées. Le législateur ne peut accepter pareille tolérance et vote la loi du 21 novembre 1901 qui établit une distinction. À l'égard des tiers, l'article 302 du code pénal applique le droit commun du meurtre et de l'assassinat. Pour la mère infanticide, en revanche, une atténuation légale de peine est prévue : si le geste a été prémédité, la coupable encourt les travaux forcés à perpétuité (et non la peine de mort) et, dans le cas contraire, les travaux forcés à temps (et non les travaux forcés perpétuels). L'idée est de donner l'impression aux jurys populaires qu'ils peuvent condamner les mères sans que la punition soit excessive. Las, le subterfuge ne prend pas. Les acquittements perdurent et des peines souvent faibles continuent d'être prononcées. Le législateur ne désarme pas.

Nouveau tour de passe-passe, la loi du 2 septembre 1941 transforme l'infanticide en un délit correctionnel puni, quel qu'en soit l'auteur, d'un emprisonnement de trois à dix ans et d'une amende. La loi interdit également d'appliquer aux prévenus le sursis et les circonstances atténuantes. Problème, cette énième réforme suscite une vive controverse. Comment peut-on considérer comme un simple délit correctionnel un acte qui, moralement et juridiquement, demeure très grave ? La loi du 13 avril 1954 rétablit la législation antérieure avec une réserve : l'article 302 prévoit une peine unique pour la mère infanticide, la réclusion de dix à vingt ans sans distinguer si elle a agi avec ou sans préméditation. Jusqu'en 1994, l'infanticide a donc été traité sous deux formes dans le code pénal : une forme « neutre » quand le coupable est un tiers, que la loi traite comme un auteur ou complice d'un meurtre ou d'un assassinat ordinaires, et une forme « spéciale », propre à la mère infanticide, regardée comme auteur ou complice d'un meurtre excusé.

Dans un texte publié en 1982, bien avant l'entrée en vigueur du nouveau code pénal, en 1994, André Vitu écrit : « Quelques codes modernes, peu nombreux, ne consacrent aucune disposition à l'infanticide, et le considèrent, selon les cas, comme un meurtre ordinaire ou un assassinat. Dans la plupart des législations, la répression se rattache à l'une ou à l'autre des deux attitudes suivantes : ou bien faire de l'infanticide un crime spécial, rigoureusement puni, parce que la victime est un être sans défense ; ou bien, en raison de la pitié qu'on éprouve pour la mère, instituer une excuse, entraînant une moindre sévérité à son profit, ou même parfois au profit de ses parents, qui l'ont aidée à dissimuler sa honte en faisant disparaître le fruit de ses relations illicites. Ces diverses conceptions ont marqué tour à tour le droit pénal français, dont l'évolution est particulièrement complexe[1]. »

Douze années plus tard, le droit pénal français rejoint les « quelques codes modernes, peu nombreux », qui, selon André Vitu, « ne consacrent aucune disposition à cette infraction ». Le terme d'infanticide disparaît des textes et le meurtre du nouveau-né devient un « homicide volontaire sur mineur de quinze ans ». Il ne fait plus l'objet d'aucune distinction. Loin des circonstances atténuantes et du « traitement de faveur » accordés à la mère depuis 1954, ce crime est désormais assorti des circonstances aggravantes et donc passible de la plus lourde des peines : la réclusion criminelle à perpétuité. Ce basculement n'avait pas pour objectif de réprimer plus durement les femmes ou de stigmatiser particulièrement les mères infanticides. Il s'agissait essentiellement, d'après Xavier Lameyre, d'« achever le processus de laïcisation entamé par les révolutionnaires de 1791 ». « En supprimant l'infanticide, mais aussi le parricide, le législateur gomme les derniers vestiges moralisateurs de la loi. Cette "démoralisation" s'accompagne de fait d'une neutralisation des genres. La laïcisation va de pair avec la suppression des discriminations liées au sexe, y compris des discriminations positives. » Certainement cette entreprise de refonte à visée égalitaire

1. André Vitu, *Traité de droit criminel, droit pénal spécial*, éditions Cujas, 1982.

a-t-elle été rendue possible par l'idée – sentiment ou certitude – que les femmes, ayant désormais accès à de multiples procédés pour contrôler leur fertilité, n'avaient plus à être abusivement protégées par une loi infantilisante. Les données sociales qui avaient très longtemps permis d'excuser les mères étant considérées comme caduques, il ne paraissait plus déplacé de rendre les femmes pleinement responsables de ce qui survenait au moment de l'accouchement.

Dans les faits, ce changement considérable de la loi n'a pas révolutionné la pratique des cours d'assises en matière d'infanticide. Aucune mère mise en examen ne s'est vu infliger, depuis 1994, une peine de réclusion criminelle à perpétuité pour le meurtre de son bébé. Mais c'est peut-être en partie cette conception très répressive du meurtre du nouveau-né qui permet à des magistrats de se sentir fondés à réclamer la détention provisoire, eu égard à la gravité du crime, ou à des représentants du ministère public de requérir dix ans d'emprisonnement (comme lors du procès de Gabrielle D. en novembre 2006 en Seine-et-Marne). Dans les pays où l'infanticide existe en tant que tel dans la loi (et est assorti d'office des circonstances atténuantes), les femmes se retrouvent rarement en prison (que ce soit avant ou après le procès).

En France, on le sait, la détention provisoire constitue plutôt la règle que l'exception. Dans les affaires de néonaticide, cette réalité, et le déni de justice qu'elle constitue, prend tout son sens. De nombreux experts psychiatres posent comme une évidence l'inanité du recours à la prison pour des femmes qui ne sont pas dangereuses, qui présentent un risque de récidive quasi nul et qui ont besoin d'un intense suivi psychiatrique. Leur mise sous écrou quelques jours à peine après leur accouchement, alors qu'elles ont failli elles-mêmes mourir d'une grave hémorragie, s'apparente, au mieux, à de l'ignorance, au pire, à de l'acharnement. J'ai déjà évoqué le cas de Céline qui a étouffé en septembre 2006 le petit garçon dont elle venait d'accoucher. Mise en examen pour ce crime, elle est d'abord restée libre. La juge des libertés n'a pas jugé utile de l'incarcérer. Le parquet, lui, a fait appel. Trois semaines après les faits, nous l'avons vu, Céline s'est présentée avec son avocat et son compagnon devant les juges de la cour d'appel. À l'issue de l'audience, elle a été menottée et emmenée en prison. Par deux fois, déjà, sa demande de mise en liberté a été refusée. Son petit garçon est venu la voir au parloir et son conjoint ne sait pas s'il va réitérer l'expérience. Les larmes de l'enfant, à l'issue de la demi-heure accordée lui ont été insupportables.

L'avocat de Céline reste perplexe face à la mise en détention de sa cliente : « Les magistrats qui ont décidé de l'incarcérer ont mis en avant le fait qu'il y avait eu un trouble grave et durable de l'ordre public avec la mort de cet enfant. Il me semble qu'on est plutôt dans un drame de l'intimité. Ils souhaitent par ailleurs empêcher la concertation et comprendre si le geste a été prémédité ou pas. Tous les protagonistes ont pourtant déjà été entendus et ma cliente peut de toute façon voir ses proches au parloir. Je me retrouve confronté à un phénomène dont j'ignorais tout il y a deux mois. Je rentre petit à petit dans le sujet. Avec le regard candide qui est le mien, j'ai l'impression que tout le monde est plutôt perdu et que c'est un peu la loterie judiciaire. Même les experts psychiatres et psychologues ne semblent pas très à l'aise. L'un d'eux explique que le risque de récidive est quasi nul mais qu'il faut l'empêcher d'exercer sa profession qui risquerait de la mettre en contact avec de jeunes enfants. De toute façon, un jeune enfant, elle en a déjà un. Tout cela n'a pas beaucoup de sens. »

Une autre avocate, en charge d'une affaire actuellement à l'instruction, a elle aussi le sentiment de baigner dans un océan d'absurdité. La jeune femme qu'elle défend a une vingtaine d'années, elle était étudiante. Au cours des mois précédents, elle s'est vaguement demandé deux fois si elle n'était pas enceinte. Elle ne l'a vraiment réalisé qu'au moment de l'accouchement. Les experts psychiatres ont diagnostiqué un déni massif. Dans un état de totale sidération, la jeune femme n'a même pas été capable de voir s'il s'agissait d'une fille ou d'un garçon. Les médecins légistes ont établi que l'enfant, né viable, présentait de grosses difficultés respiratoires et un réel épuisement au moment de la naissance en raison d'un accouchement très traumatisant. La parturiente a en effet tiré sur le bébé pour le faire sortir et il présentait sur le crâne et la trachée des hématomes dus à cette expulsion difficile. Elle a déposé le bébé dans un sac laissé dans sa chambre puis un proche, présent dans la maison, s'est aperçu de son hémorragie et l'a conduite à l'hôpital. À peine vingt-quatre heures plus tard, cette jeune mère, mise en examen pour homicide volontaire sur mineur de quinze ans, a été incarcérée. Douze jours plus tard, son avocate a obtenu sa remise en liberté et une requalification des faits en homicide involontaire, incrimination qui permet la correctionnalisation de l'affaire et qui est passible de trois ans de prison. Il était impensable pour la justice que cette femme ne soit pas renvoyée devant un tribunal. Le non-lieu n'était pas envisageable. Il a notamment été estimé que la mère avait délibérément fait le choix d'accoucher seule chez elle, en sachant quels étaient les risques. Le fait qu'il s'agissait d'une étudiante et, donc, pas d'une adolescente, qu'elle était issue d'un milieu de cadres moyens a indéniablement joué. Il y a, dans cette affaire, un refus évident de prendre en considération le déni de grossesse. Mais également, et tout simplement, d'appliquer le droit. Ne serait-ce que parce qu'il n'existe aucun texte légal obligeant une femme à accoucher en milieu hospitalier.

Cette jeune femme a finalement pu sortir de prison et obtenir une correctionnalisation de son affaire (ce qui n'est pas un gage de sentence moins lourde).

Céline, elle, finira bien, au bout de six mois ou un an, par bénéficier d'une remise en liberté. Elle n'échappera pas en revanche au procès d'assises. Certes, en France, le jury populaire, *in fine*, se prononce souvent, dans ces affaires, pour une peine atténuée. Mais les avocats de la défense le savent bien, parier sur la compréhension et la clémence des jurés d'assises n'est pas sans risque, surtout quand l'avocat général a décidé, lui, de faire payer à l'accusée son crime infâme.

« J'ai défendu une femme qui avait commis un infanticide après un déni de grossesse, elle avait accouché alors que la famille, qui n'avait rien vu de la grossesse, regardait le foot dans la pièce d'à côté, raconte maître Cécile De Oliveira. Au procès, l'avocat général a parlé de "crime contre l'humanité" et a requis quinze ans. Elle a été condamnée à dix ans de prison. J'avais pourtant fait citer Sophie Marinopoulos, excellente psychanalyste, qui avait parfaitement expliqué le déni. Je pense avoir été raisonnable dans ma plaidoirie, je proposais du sursis. Je n'ai pas été entendue. »

Les femmes mises en examen ont au-dessus de la tête, durant tout l'instruction de leur affaire (qui dure plusieurs années), cette épée de Damoclès. Hélène, quarante ans, trois enfants, qui a accouché au-dessus de ses toilettes en 2006 après un déni total, n'a à aucun moment été capable de concevoir que cette chose dans la cuvette était un enfant. Elle est aujourd'hui mise en examen pour homicide volontaire sur mineur de quinze ans et elle a lu les rares articles parus dans la presse régionale relatant son histoire : « Ils écrivaient notamment que je risquais la perpétuité. En le lisant comme ça noir sur blanc, j'ai eu un choc. Je ne peux pas ne pas y penser. » Lorsque sa cliente a été condamnée en juin 2006 à huit ans de prison ferme, maître Stéphanie Guedo, qui avait plaidé le déni de grossesse, a voulu immédiatement faire appel. Elle a dû renoncer. « Ma cliente a complètement baissé les bras. Elle n'avait plus du tout confiance en la justice. Elle était fatiguée de s'entendre traiter de criminelle. Étant donné le réquisitoire très sévère, elle s'est dit qu'elle pouvait prendre une peine encore plus lourde en appel. »

Si le néonaticide était aujourd'hui commis, de façon générale, par des femmes cyniques qui y voyaient un mode de régulation des naissances, qui préféraient attendre sans trop se poser la question le moment de l'accouchement plutôt que de recourir à l'avortement, le fait qu'il soit réprimé par la loi de la réclusion criminelle à perpétuité, que les parturientes qui en sont accusées se retrouvent mises sous écrou à peine remises d'un accouchement à haut risque, tout cela n'aurait à la limite rien de très choquant. Mais dès lors qu'un grand nombre d'infanticides s'expliquent par la préexistence d'un déni de grossesse, dès lors que les femmes n'ont pas pleinement conscience d'être enceintes, qu'elles ont d'ailleurs souvent de bonnes raisons de ne pas le croire, que leur entourage ne voit rien, qu'elles ne sont pas en pleine possession de leurs moyens au moment de la commission des faits, la persistance d'un texte de loi répressif semble incongrue et inutile.

Quant aux verdicts d'acquittement ou de mitigation, quand ils surviennent, ils ne traduisent pas simplement la compassion, l'humanité ou l'altruisme des jurés d'assises. Ils traduisent surtout leur bon sens. Il ne s'agit pas de « faire une fleur » à ces femmes, il s'agit tout simplement de comprendre l'enchaînement des faits, ou, comme le dit une avocate, d'« appliquer le droit ». Pour peu que l'expert psychiatre ait bien fait son travail et que l'accusée parvienne un minimum à s'exprimer, les jurés saisissent assez vite que cette femme qui leur fait face ne voulait pas supprimer son enfant au terme d'une grossesse cachée. Ils entendent qu'elle a déposé dans un sac quelque chose sorti de ses entrailles après neuf mois au cours desquels elle ne s'est pas sentie enceinte. Pour eux, ce changement de perspective fait toute la différence. Car l'homicide volontaire requiert un minimum d'intentionnalité.

La disparition de la notion d'infanticide dans le code pénal français n'a pas obéi à une volonté affichée de faire payer aux femmes les victoires du féminisme. Il s'agissait, dans l'esprit du législateur, de débarrasser un crime de sa connotation religieuse et morale. Ce faisant, en lui ôtant sa dimension sexuée, les parlementaires l'ont également privé de sa spécificité. Or, il y a tout de même une réalité incontournable. Le meurtre de l'enfant nouveau-né est commis, dans une écrasante majorité des cas, par la mère. Ne plus considérer le néonaticide comme un crime particulier, c'est induire l'idée qu'il ne nécessite, en tant que tel, ni un recensement précis, ni une analyse de fond, dont le moindre des mérites serait de permettre de réfléchir à des outils de prévention. À l'exception de l'étude menée par l'INSERM[1], il n'existe aucun recueil statistique récent concernant les décès de nouveau-nés en France. Aux États-Unis, Margaret G. Spinelli dresse le même constat : « Il existe très peu d'ouvrages scientifiques sur l'infanticide, et en même temps les chiffres de la mortalité sont très incertains. C'est particulièrement vrai en ce qui concerne les infanticides perpétrés dans les premières vingt-quatre heures qui suivent la naissance. Les données systématiques sur la fréquence des meurtres de nourrissons sont rares[2]. »

Le droit pénal, les troubles du post-partum et le déni de grossesse

Que ce soit au XVIe siècle après l'édit d'Henri II sur le recel de grossesse, au XIXe siècle avec le retour

1. Voir note 1, p. 104.
2. Margaret G. Spinelli, « Maternal infanticide associated with mental illness : prevention and the promise of saved lives », *The American Journal of Psychiatry*, septembre 2004.

de l'ordre moral de Napoléon ou à la fin du XXe siècle avec le nouveau code pénal voté par les parlementaires en 1992, quand les lois à l'encontre des mères infanticides s'avèrent particulièrement répressives, le peuple, lui, ne suit pas forcément le législateur et tend à acquitter ou à condamner faiblement. Les explications à ce phénomène que certains qualifient de clémence diffèrent selon les époques, de la prise en compte des réalités sociales à l'amélioration des connaissances médicales. Pendant longtemps, le sort assez terrible réservé aux filles mères ou aux femmes adultérines, le droit de cuissage des notables sur leurs petites bonnes, les conditions socio-économiques déplorables des mères célibataires ont sous-tendu les verdicts des cours d'assises. Comme si les turpitudes infligées aux femmes, au quotidien, dans la cité, trouvaient une compensation quand, par malheur, ces pauvres filles étaient traînées devant les tribunaux. Une façon de dire : on vous en fait voir de toutes les couleurs dans la vie courante mais au moins, quand vous risquez la peine de mort, on vous sauve la mise. À partir du début du XXe siècle, la médecine est venue donner des arguments à ceux qui souhaitaient aider les mères infanticides à garder leur tête.

L'Angleterre a ouvert le bal en 1922 avec l'Infanticide Act[1], lequel mettait en avant le fait que les

1. L'Infanticide Act, voté en Grande-Bretagne en 1922 puis révisé en 1938, établit une incrimination spéciale pour le meurtre du nouveau-né par sa mère, laquelle, considérée comme souffrant des

femmes étaient biologiquement plus exposées au risque de maladies mentales durant la période qui entoure l'accouchement. Ce statut à part est le résultat de fortes pressions en faveur d'une réforme législative exercées depuis 1860. Sous l'actuelle législation anglaise – la loi infanticide de 1938 –, une mère qui tue son enfant de moins d'un an, alors que son esprit est perturbé par le fait de « ne pas s'être complètement remise de l'accouchement » ou sous les effets de la « montée de lait », peut être poursuivie pour homicide plutôt que pour assassinat.

Conséquence : c'est un régime de liberté surveillée et d'obligation de traitement qui prévaut. Cette conception de l'infanticide en lien avec des troubles de la puerpéralité a créé une ligne de fracture entre les pays qui y adhéraient et se montraient dès lors conciliants avec les mères reconnues coupables et ceux qui la rejetaient, traitant ces mêmes mères dans une logique de sanction et de dette vis-à-vis de l'enfant mort et de la société.

Une affaire survenue en 1996 [1] met en exergue la différence de point de vue entre la Grande-Bretagne et les États-Unis (dont les principes législatifs et la jurisprudence plutôt répressive sont en la matière très proches de ceux en vigueur en France). Caroline

troubles du post-partum, est poursuivie pour homicide plutôt que pour assassinat et n'est en général pas incarcérée.

1. Affaire relatée dans l'article « Britain and US clash over infanticide » par Clare Dyer, publié par le *British Medical Journal* le 16 mars 1996.

Beale est une jeune femme britannique poursuivie pour le meurtre de son nouveau-né commis sur le territoire américain. Bien qu'elle ait toujours affirmé que le bébé était mort à la naissance, bien que les rapports de deux pathologistes indépendants soutiennent cette version des faits, la jeune femme a passé huit mois derrière les barreaux de la prison new-yorkaise de Ryker's Island et une année supplémentaire en probation. Aux yeux de la loi américaine, elle risquait une peine de vingt-cinq années de prison. Elle a préféré plaider la culpabilité devant une cour de New York, procédure qui permet à un mis en examen d'éviter un procès et de bénéficier d'une réduction de peine. Au terme de cette reconnaissance de culpabilité, la jeune femme a écopé de huit mois ferme, couvrant la détention provisoire, et de cinq ans avec sursis.

Cette affaire a focalisé une très forte attention médiatique parce qu'elle constituait en quelque sorte un cas d'école illustrant la façon diamétralement opposée dont les systèmes légaux américains et anglais traitent l'infanticide. Le traitement infligé à Caroline Beale a ainsi attisé la colère de son père britannique qui n'a pas hésité à traiter le système légal américain de « barbare et non civilisé ». Alors que les magistrats et juristes américains raisonnent en termes d'incarcération, de peine, de détention provisoire, la justice anglaise a immédiatement proposé à Caroline Beale d'effectuer une partie de son sursis à l'hôpital Maudsley de Londres, où elle pouvait être suivie par le professeur Channi Kumar, spécialiste des troubles du post-partum, assisté par le professeur John Gunn, psychiatre.

La théorie des troubles du post-partum sur laquelle repose l'Infanticide Act britannique a séduit de nombreux pays – excepté les États-Unis, on l'a vu, et la France. Ce présupposé biologique est cependant de plus en plus décrié, notamment parce qu'il semble aujourd'hui communément admis que la psychose puerpérale ne se déclenche pas au moment de l'accouchement mais plusieurs jours après. Au Canada, où l'incrimination d'infanticide existe depuis 1948, le débat fait rage depuis plusieurs années et a atteint son acmé en septembre 2006. Des juristes, des médecins, des criminologues et même des féministes sont montés au créneau pour contester le traitement judiciaire plutôt conciliant qui était jusque-là réservé aux mères infanticides.

C'est encore un cas particulier qui a déchaîné les passions. Katrina Effert, vingt ans, a été condamnée à dix ans de réclusion criminelle par la cour de Wetaskiwin pour le meurtre de son nouveau-né. Chez nous, un tel verdict pour une telle affaire, rare mais pas impossible (en 1995, Martine, dans le Nord, écope de dix ans de réclusion criminelle ; en 2000, à Nantes, une femme est également condamnée à dix ans ; en juin 2006, à Angers, une autre prend huit ans), aurait été porté à la connaissance des lecteurs du quotidien local mais n'aurait jamais occupé la une de journaux.

Mais au Canada, la condamnation d'Effert à une peine de prison de dix ans constitue une grande première pour un cas d'infanticide, depuis les années 1950 en tout cas. Aucune Canadienne n'est allée en prison plus longtemps qu'une année pour ce crime depuis que l'infanticide est apparu dans le code pénal en 1948. Les mères reconnues coupables ne vont en général jamais en prison. Cette sentence radicale et inhabituelle s'inscrit en fait dans une tendance de fond qui a vu de nombreux Canadiens placer les droits à la vie des nouveau-nés au-dessus de toute compassion pour les mères infanticides.

Cette évolution dans la façon de percevoir ces mères s'explique de plusieurs façons. Au Canada comme ailleurs, il est posé comme évident que, depuis plusieurs décennies, le sort réservé aux mères célibataires s'est considérablement amélioré. Dans le passé, elles donnaient naissance dans la honte et l'isolement à ce qu'il était convenu d'appeler des « bâtards ». Pour une femme, garder cet enfant signifiait se jeter, et l'enfant avec, dans la pauvreté et la disgrâce. De telles circonstances sociales, selon bon nombre de Canadiens, n'existent plus pour ces jeunes mères. La contraception, l'avortement, les foyers d'accueil et les agences d'adoption sont disponibles. Pour recevoir un soutien en urgence, il suffit d'appeler le 911. Comme l'indiquait Beverley McLachlin, la présidente de la Cour suprême canadienne, dans son rapport de 1991 sur « Le crime et les femmes. L'égalité féminine et la loi criminelle » :

« Les femmes qui sont confrontées à une grossesse non désirée ont aujourd'hui à leur disposition des alternatives moins désespérées[1]. »

La deuxième raison justifiant cette réticence à « excuser » les mères infanticides s'appuie sur des revendications féministes, lesquelles remettent en cause les théories de la démence puerpérale au moment de l'accouchement. Puisque accréditer cette théorie reviendrait à dire que les hommes sont des êtres rationnels connectés à leur seule intelligence et que les femmes sont beaucoup plus assujetties à leurs cycles menstruels et à leur biologie. Pour les féministes canadiennes, se montrer compréhensif avec la mère qui tue son nouveau-né, c'est redonner corps aux mythes qui ont longtemps ravalé la femme au rang d'animal instinctif mû par ses hormones. La loi sur l'infanticide se révélerait ainsi à double tranchant. Les mères poursuivies pour infanticide plutôt que pour assassinat en tirent en effet des bénéfices, mais la loi suggère en même temps, implicitement, que les femmes sont irrationnelles, complètement assujetties à la biologie. « En attribuant autant d'actes violents à leur spécificité biologique et psychique, estime Beverley MacLachlin, on signifie que les femmes sont moins rationnelles que les hommes en tant que groupe et on justifie toutes les vieilles raisons pour lesquelles on ne devrait pas laisser une

1. Extrait de l'article « Revisiting Canada infanticide law », par David Staples, dans *The Edmonton Journal*, 12 novembre 2006.

femme être présidente. Telle que : “Mon Dieu, lorsqu’elle a ses règles, elle est prête à appuyer sur le bouton rouge et à bombarder le monde !” »

Autre argument invoqué récemment pour remettre en cause la législation canadienne : la loi sur l’infanticide, fondée sur des conceptions médicales antiques, perpétuerait une inégalité entre le père et la mère qui peuvent tous les deux être confrontés à un stress intense face à la soudaine responsabilité d’un enfant. Les données médicales ne justifieraient plus qu’on accorde un tel traitement de faveur aux femmes quand on le dénie aux pères qui agissent sous le coup d’un stress similaire.

Il faut noter que cette volonté de mettre l’homme et la femme sur un pied d’égalité juridique (argument qui a notamment prévalu pour la modernisation du code pénal français), louable en soi, se révèle complètement artificielle en matière de néonaticide. Les cas de jeunes pères poursuivis pour le meurtre d’un nouveau-né de moins de vingt-quatre heures sont rarissimes, et pour cause. Encore une fois, nier la spécificité de ce crime, et notamment sa spécificité sexuelle, c’est nier le fait que, jusqu’à preuve du contraire, ce sont encore les femmes qui portent les enfants et les mettent au monde. Parfois dans le bonheur, mais parfois aussi dans la douleur, l’incrédulité et la clandestinité.

Sous la pression des féministes et de certains médecins, le système judiciaire canadien a donc commencé à adopter dans les années 1990 une attitude plus répressive à l'égard des femmes qui tuent leurs enfants, les condamnant pour homicide ou assassinat plutôt que pour infanticide. « Le cas Effert, estime Kirsten Kramar, une chercheuse canadienne spécialiste de l'infanticide, reflète certainement les efforts d'une partie du ministère public pour instruire lourdement et punir sévèrement parce qu'on pense que cela va dissuader les autres femmes[1]. » Cette criminologue espère qu'aucun autre jury ne condamnera aussi lourdement que celui de Wetaskiwin, lequel, dit-elle, s'est ainsi rapproché du modèle de la justice punitive. « Il y a l'idée que si vous commettez un crime, alors vous devez payer, une sorte de loi du talion, œil pour œil, une approche très conservatrice qui est plus populaire aux États-Unis en raison de la prédominance des conservateurs dont le mot d'ordre est "l'ordre et la loi". »

En résumé, en France comme au Canada et comme dans la majeure partie des pays occidentaux, le constat est le même : le statut de la femme a évolué et une maternité non désirée n'est plus censée constituer un drame absolu et irrémédiable, la mise au ban de la société, la déchéance morale et financière. D'abord parce que la future mère peut la prévenir ou y mettre un terme et que, dans le pire des cas, elle peut toujours laisser cet enfant à l'adoption. Eu égard à toutes ces facilités, les femmes sont priées

1. David Staples, « Revisiting Canada infanticide law », *art. cit.*

de se comporter en adultes responsables. Même dans les pays où l'infanticide donnait traditionnellement lieu à des mesures d'accompagnement plutôt qu'à de la répression, il devient plus difficile d'excuser les mères qui tuent ou laissent mourir leur nourrisson à la naissance. Les justifications sociales n'ont plus lieu d'être et, en plus, les théories médicales invoquées, biologiques et hormonales, ont finalement été invalidées.

C'est pourquoi le déni de grossesse revêt depuis quelques années une importance capitale. Il constitue un modèle théorique assez convaincant pour expliquer le comportement de ces femmes dont le profil, encore une fois, n'a plus rien à voir avec celui de la mère infanticide du XIXe siècle. L'enjeu est de taille quand ces femmes comparaissent devant une cour d'assises pour un crime qui peut leur valoir, en France du moins, la réclusion criminelle à perpétuité.

Aux États-Unis, où la législation peut également se révéler, d'un État à l'autre, particulièrement répressive, les psychiatres débattent âprement du lien entre néonaticide et déni de grossesse. D'un côté, Margaret G. Spinelli assure, après avoir étudié le cas de seize femmes poursuivies pour le meurtre de leur nouveau-né, que le néonaticide est le corollaire indéniable du déni de grossesse : « Sur seize cas de néonaticides étudiés, l'échelle d'intensité du déni était similaire à celle décrite dans les autres études. Cinq femmes ont dénié leur état gravide jusqu'aux contractions elles-mêmes. Onze ont décrit des états de conscience intermittents qui étaient ensuite recompartimentés. Les femmes et leur entourage n'ont pas vu les modifications physiques de la grossesse. Toutes ces femmes se sont décrites comme se regardant agir pendant la naissance. Onze ont nié la douleur, cinq l'ont décrite comme "pas si terrible". [...] Quatorze femmes ont expérimenté une brève amnésie, et neuf d'entre elles ont décrit des symptômes psychotiques à la vue de l'enfant. Ces femmes ont ensuite du mal à s'expliquer la présence de cet enfant mort[1]. » Margaret G. Spinelli milite pour une meilleure prise en compte du déni en tant que pathologie à l'origine de ces néonaticides et pour la mise en place de traitements adaptés plutôt que pour une réponse judiciaire intransigeante. Une autre chercheuse, Laura Miller, parvient aux mêmes conclusions : « Parfois, confrontée à un bébé auquel elle n'a pas été émotionnellement préparée, la mère tue son nouveau-né. Dans d'autres cas, elle ne fait rien pour l'empêcher de mourir. La façon la plus commune dont les bébés meurent après un déni de grossesse est d'être expulsés dans les toilettes et de se noyer. »

De l'autre côté, Phillip J. Resnick et Susan Hatters-Friedman, deux éminents psychiatres américains spécialistes de l'infanticide, réfutent l'hypothèse de la préexistence systématique du déni de grossesse chez

1. Margaret G. Spinelli, « A systematic investigation of neonaticide », *The American Journal of Psychiatry*, mai 2001.

ces femmes poursuivies pour le meurtre de leur nouveau-né. De nombreuses études, affirment-ils, ont montré que si des troubles psychiatriques sont souvent présents chez les femmes qui tuent un enfant de plus d'un an, ces mêmes troubles se retrouvent en revanche beaucoup plus rarement chez les mères néonaticides. Pour eux, l'hypothèse du déni de grossesse ne tient pas plus la route que la théorie du post-partum qui sous-tend l'Infanticide Act anglais.

Hatters-Friedman et Resnick se refusent à considérer le déni de grossesse comme l'une des premières causes du néonaticide. Ils arguent que ces meurtres très spécifiques revêtent avant tout une explication psycho-socio-économique puisqu'ils concernent essentiellement de très jeunes femmes plutôt démunies. Le problème de cette réponse est qu'elle repose sur un postulat de plus en plus réfuté : le jeune âge et le profil social carencé de ces femmes. Aux États-Unis comme en France, l'absence d'enquête épidémiologique permet de laisser perdurer l'idée un peu vague et très stéréotypée que le profil des femmes infanticides n'a pas fondamentalement évolué depuis le XVIIIe siècle. Ponctuellement, quelques études viennent rappeler que dans l'échantillon observé se trouvaient des femmes de tous âges et de tous milieux. Mais ces enquêtes éparses ne parviennent pas à venir à bout d'un présupposé tenace.

De surcroît, si ces deux psychiatres connaissent bien la thématique de l'infanticide, ils maîtrisent nettement moins celle du déni de grossesse. Et, pour identifier des cas de déni de grossesse, encore faut-il les chercher un minimum, prêter une oreille attentive à ces femmes et ne pas partir du principe que, lorsqu'elles disent « je ne me pensais pas enceinte », il s'agit simplement d'une justification après coup.

Aux États-Unis, de nombreux avocats de la défense militent pour faire accepter par les tribunaux le fait que ces femmes souffrent du « syndrome du néonaticide », ce qui réduirait considérablement ou annulerait leur responsabilité pénale. Dans les cas récents traités par les cours américaines, les juges de première instance comme les juges des cours d'appel ont cependant décidé que la théorie du syndrome du néonaticide ne pouvait pas être introduite parce qu'elle n'avait pas été validée par la communauté scientifique.

En France, même s'il émaille régulièrement les expertises psychiatriques demandées par les juges d'instruction, même si un grand nombre d'experts établissent un lien assez étroit entre déni et infanticide, le déni n'a pas encore gagné ses galons de pathologie clairement répertoriée et validée. Il se heurte toujours (du moins jusqu'à sa récente médiatisation) à une certaine suspicion, ignorance ou incrédulité. Un procureur sollicité pour des faits qui s'étaient produits au printemps 2006 et qui semblaient relever d'un déni total (la parturiente avait accouché sur les toilettes et affirmait ne pas s'être rendu compte qu'elle était enceinte) objecta ainsi : « Oui, le déni viendra peut-être sur le tapis mais l'hypothèse ne tiendra pas car cette femme était à terme et ne pouvait pas ne pas savoir. En plus, elle a plus de quarante ans et déjà des enfants. »

En juin 2006, une avocate va saluer le président du tribunal avant le début de l'audience concernant sa cliente, poursuivie pour le meurtre de son nouveau-né. Pour le magistrat, l'affaire semble entendue. « Bon, c'est un classique. Qu'allez-vous plaider ? La pauvre femme qui n'avait pas les moyens d'assumer un enfant ? » L'avocate évoque plutôt le déni de grossesse, face à un magistrat visiblement surpris et dubitatif. Tellement dubitatif que, malgré l'exposé conséquent d'un expert psychiatre sur le déni de grossesse, l'accusée écopera d'une lourde peine de prison ferme.

De l'utilité du procès et de la sanction

Sur l'utilité de la procédure judiciaire et de la sanction pour ces femmes, les psychiatres et psychologues ont présenté, au moment de la médiatisation de l'affaire Courjault, des avis divergents. Interviewée dans *La Nouvelle République du Centre-Ouest*[1], Blanche Massari, pédopsychiatre

1. « Le déni est un trouble psychiatrique », *La Nouvelle République du Centre-Ouest*, 12 novembre 2006.

responsable de l'unité mère-bébé du CHI de Créteil, posait ainsi que « la mise en examen est plutôt bénéfique car elle ramène la mère à la réalité ». Même point de vue pour Sophie Marinopoulos [1], psychanalyste, pour laquelle « les procédures policières et judiciaires sont bienvenues car, par leur réalité, elles font office de levier psychique permettant à la mère de se rendre compte que ces enfants ont existé ».

Pour ces femmes poursuivies pour homicide volontaire et pas pour un vol de bonbons, la mise en examen « bénéfique » ou « bienvenue » signifie, le plus souvent, une mise sous écrou à la sortie de la maternité, une instruction de plusieurs années, un procès en cours d'assises, un réquisitoire pas forcément tendre, et le risque d'écoper d'une peine de prison ferme. Avec un tel traitement, même la plus inconséquente des mères prend effectivement conscience de la gravité de son acte. Sophie Marinopoulos, qui concède volontiers que la justice se montre souvent trop dure, prenant le risque, lorsque la femme poursuivie est par ailleurs déjà mère, de « priver des enfants vivants de leur mère au profit d'enfants morts », soutient néanmoins qu'il « est important que ces femmes répondent de leur crime devant la justice » car il faut « punir ces actes graves ».

1. Sophie Marinopoulos, psychanalyste, auteur de *Dans l'intimité des mères*, Fayard, 2005 ; interviewée dans *20 minutes* le 13 octobre 2006 et dans *Elle* le 23 octobre 2006.

« J'ai tendance à parler de malheur plutôt que de crime », pose de son côté maître Cécile De Oliveira. Dans un sourire las, Hélène assure, quant à elle : « Quelle que soit la peine de prison qui me sera infligée, je vais vivre avec la culpabilité de la mort de mon bébé jusqu'à la fin de mes jours. » Parvenu au cinquantième infanticide de sa carrière, le docteur Daniel Ajzenberg, expert psychiatre, en est persuadé : « L'incarcération ne sert à rien. C'est le suivi thérapeutique qui est utile. » Le professeur Michel Delcroix, gynécologue obstétricien, également expert auprès des tribunaux, renchérit : « La réponse judiciaire est inadéquate et injuste. On casse un peu plus ces mères. On tape sur quelqu'un qui est déjà au fond du trou pour lui dire "tu ne recommenceras pas". La prison, le procès, la condamnation n'ont de valeur pédagogique que si l'individu a sciemment fait du tort à son prochain. »

Dans son article paru en septembre 2004 dans *The American Journal of Psychiatry*, Margaret G. Spinelli écrit : « La question que nous devons nous poser est : que gagnons-nous en sanctionnant ces femmes ? » Bertrand Schneider, consultant en maternologie, répond : « Rien. On met ces femmes en prison parce qu'il faut bien satisfaire l'opinion publique. Au plan médical et social, ça ne résout rien. Quant à rendre la justice au nom de l'enfant qui est mort, il s'agit de savoir si cette mère a une dette envers son enfant et si le règlement de cette dette a à voir avec la justice. Je crois que si dette il y a, elle est entre la mère et son bébé. Je crois que le prix que ces mères paient est de toute façon beaucoup plus lourd que n'importe quelle peine de prison. Imaginez que vous rêvez que vous tuez vos enfants. Vous vous réveillez le matin et vous vous dites “ouf, ce n'était qu'un horrible cauchemar”. Elles, elles se réveillent et elles l'ont vraiment fait. Après, il faut continuer à vivre avec ça. »

Le cas Courjault

Si l'affaire dite des « bébés congelés » n'a eu qu'un mérite, c'est bien celui-ci : faire connaître le déni de grossesse au grand public. Que les experts psychiatres diagnostiquent ce trouble psychiatrique chez Véronique Courjault ou non, au moins l'opinion publique a-t-elle été un peu sensibilisée au fait qu'une femme puisse être enceinte sans que cela se voie, qu'une mère de famille apparemment normale et aimante puisse tuer un nouveau-né, voire plusieurs. Le revirement à cent quatre-vingts degrés qu'ont dû opérer les médias français à l'occasion de cette histoire rocambolesque pourrait prêter à sourire s'il n'était pas question de la mort de trois nourrissons, de l'avenir d'une femme qui encourt la prison à perpétuité, du sort d'un homme mis en examen pour complicité d'assassinat et du devenir de leurs deux enfants, quant à eux bien vivants.

Lorsque le drame se noue, en plein milieu de l'été 2006, il s'apparente au scénario tiré par les cheveux d'un film de série B. Le 23 juillet, Jean-Louis Courjault, ingénieur français expatrié à Séoul pour le compte d'un équipementier américain, découvre, stupéfait, dans son congélateur, les corps de deux nouveau-nés. Il alerte la police sud-coréenne, se prête de bonne grâce à un prélèvement ADN et rejoint son épouse et ses deux fils de dix et onze ans qui l'ont précédé en France pour les vacances. Les deux nourrissons, visiblement nés à terme puisque pesant respectivement 3,2 kilos et 3,6 kilos, sont encore reliés à un morceau de cordon ombilical. Ce sont deux frères mais il est difficile de dire s'il s'agit de faux jumeaux. Ils ne portent pas de trace de violence, de coups, de strangulation et sont peut-être décédés par suffocation ou consécutivement à une absence de soins. La semaine suivante, les tests ADN désignent Jean-Louis Courjault comme étant le père des bébés et quelques jours plus tard, grâce à des prélèvements effectués sur des objets trouvés dans l'appartement, la même technique atteste que Véronique Courjault est la mère biologique.

Les médias coréens s'emparent de ce début de fait divers pendant que le parquet de Tours, où réside momentanément le couple, ouvre une information judiciaire. « Lynchage médiatique », « complot », « manipulation industrielle », c'est l'artillerie lourde qui est utilisée par l'entourage pour disculper le couple. Lequel donne, le 22 août, une conférence de presse pour clamer son innocence et annoncer qu'il ne retournera pas en Corée du Sud. Avec le recul, les différents intervenants, au premier rang desquels la famille proche du couple et ses avocats, assurent n'avoir pas mis en doute une seule seconde la bonne foi des époux Courjault.

Les raisons de cet aveuglement semblent évidentes. Personne n'avait vu Véronique Courjaut enceinte et elle ne pouvait de toute façon plus porter d'enfant depuis le mois de novembre 2003 au cours duquel elle avait subi une hystérectomie. Le congélateur dans lequel ont été retrouvés les bébés était accessible et les Courjault recevait d'ailleurs régulièrement chez eux, à la bonne franquette, laissant chacun se servir. Le 19 septembre 2006, un article du *Figaro*[1] indique en sous-titre : « À Séoul, la police, se fondant sur l'ADN, met formellement en cause les époux Courjault. Mais le témoignage inédit d'un couple d'amis français pèse en leur faveur. » Que dit ce témoignage ? « La police coréenne laisse entendre que Véronique a pu cacher sa grossesse parce qu'elle menait une vie isolée, loin des autres Français. Or, à l'automne 2003, nous travaillions côte à côte huit heures par jour au lycée, sans compter les cours de yoga auxquels nous participions ensemble chaque semaine. Je ne peux pas croire qu'elle ait pu être enceinte sans que je m'en aperçoive. » Voilà le

1. Cyrille Louis, « Bébés congelés, retour sur une énigme coréenne », *Le Figaro*, 19 septembre 2006.

témoignage qui, à lui seul, vient rendre sujettes à caution les analyses ADN effectuées dans un pays pionnier en matière de recherche génétique. Il est impensable que Véronique Courjault soit la mère de ces deux bébés puisque, dans son entourage, de nombreux témoins affirment l'avoir côtoyée de près et n'avoir pas constaté la moindre grossesse.

Pour qui connaît, même de loin, la problématique du déni de grossesse, ce genre d'assertion aurait plutôt tendance à confirmer un état gravide ignoré, nié ou dissimulé, en tout cas une maternité invisible suivie d'un accouchement clandestin. L'avocat du couple, maître Morin, contacté le 27 septembre 2006 par téléphone pour une conversation informelle autour du déni, ne se montrera pas très passionné par le sujet : « On ne peut pas parler de cette hypothèse pour le moment car, jusqu'à preuve du contraire, ma cliente n'est pas la mère de ces enfants. » Le même jour, il trouvera étrange qu'à la sortie du commissariat où le couple vient de subir un dernier prélèvement ADN, Jean-Louis paraisse heureux et détendu, persuadé que son calvaire touche à sa fin, quand son épouse semble pour sa part renfermée et au bord des larmes.

C'est une question que je me suis posée pendant ces mois d'août et septembre où il n'était question que de complot et d'espionnage : comprend-elle que c'est bientôt la fin ? Se prépare-t-elle à l'inéluctable aveu ? Ou restera-t-elle jusqu'au bout murée dans son silence ? Je me suis aussi demandé pourquoi personne, dans l'entourage de ce couple ou de ses avocats, ne commençait à évoquer l'idée que l'impossible ne l'était peut-être pas tant que ça, que cette histoire pouvait ressembler à d'autres, que ce ne serait pas la première fois. Le profil socioculturel du couple suffisait-il à expliquer cet aveuglement collectif ?

Le 10 octobre 2006, les tests français confirment les analyses sud-coréennes. Le lendemain, Véronique Courjault avoue. Elle avoue même trois infanticides puisqu'elle aurait supprimé un premier bébé en 1999, en France cette fois-ci, et qu'elle aurait fait disparaître le corps dans son insert de cheminée. Les policiers qui l'interrogent ont du mal à percevoir un mobile. Elle ne voulait tout simplement plus d'enfant. Mais ne prenait pas la pilule pour autant, ne portait pas de stérilet, n'était pas suivie par un gynécologue. Elle faisait « attention ». Pas suffisamment, apparemment. Jean-Louis Courjault, lui, est en état de choc, abasourdi et anéanti. Comme de nombreux conjoints confrontés au geste insensé de leur compagne, il décide de soutenir Véronique. « Ils s'adorent, assure maître Delhommais, avocate de Véronique Courjault. Il va l'attendre, c'est certain. Elle, elle ne pense qu'à lui et aux enfants. Elle ne s'inquiète que de leur devenir. Elle fait une distinction claire entre ses enfants d'un côté et “les bébés” de l'autre. »

Alors que jusqu'à présent ces affaires d'infanticide, notamment en série, n'avaient jamais passionné les médias, l'affaire Courjault a changé la donne. Parce que chacun a pu assister en direct au changement de statut de la mère incriminée, d'abord présentée, par son mari, sa famille, ses amis, ses voisins, autant de gens dignes de bonne foi, comme l'honnête mère de deux garçons. La France entière a cru à ce portrait banalissime puisqu'il n'y avait aucune raison de ne pas y croire. Puis la France entière a découvert que cette femme avait mené à terme, et à l'insu de tous, trois grossesses. La France entière s'est identifiée à tous ces individus qui pendant deux mois ont soutenu croix de bois croix de fer si je mens je vais en enfer que Véronique Courjault n'avait jamais été enceinte depuis 1996 et la France entière a compris qu'elle aussi aurait pu être bernée. Et elle a compris que l'impossible était possible.

Les affaires de néonaticides en série ne sont pas si rares même si, fort heureusement, elles n'encombrent pas les tribunaux. Il n'existe pas d'études spécifiques qui permettraient de comprendre le ressort, le mode de fonctionnement, le lien à la maternité de ces femmes qui, très souvent, sont aussi les (bonnes) mères d'enfants vivants. Les enquêtes sur l'infanticide ou sur le déni de grossesse ne prennent généralement pas en compte les récidivistes. Difficile, donc, de percevoir si le problème provient d'une ambivalence exacerbée face au désir d'enfant, d'un échec de contraception suivi de découvertes tardives des grossesses, de carences intellectuelles ou morales, d'un sentiment de toute-puissance…

Si les mécanismes du déni de grossesse ainsi que ceux qui conduisent au meurtre unique du nouveau-né sont aujourd'hui de plus en plus étudiés et cernés, de mieux en mieux appréhendés, ils ne semblent pas présenter une explication très convaincante aux situations des femmes multirécidivistes, lesquelles n'ont de toute façon jusqu'à présent pas suscité beaucoup d'intérêt de la part de la recherche.

Dans *Le Quotidien du médecin*, le responsable de la rédaction, Richard Liscia, s'interroge quant à l'éventuelle vanité des éclairages psychiatriques qui ne manqueront pas d'être avancés dans l'affaire Courjault et qui tenteront, peut-être artificiellement, de lui apporter de la rationalité et du sens : « Aussi définitif que soit le verdict de la science, il n'élucide pas le mystère. [...] Bien entendu, les psychiatres s'appuient sur le refoulement ou les inhibitions qui mènent souvent à des situations atroces. Ils ne nous expliquent pas pour autant comment, si elle n'est pas frappée du syndrome de la double personnalité, Mme Courjault peut avoir été une personne calme et même placide, et en même temps cacher des secrets aussi pesants. Nous sommes tentés de dire qu'elle est, pour paraphraser Marguerite Duras, “forcément innocente” : en effet, ou bien elle n'a pas commis les faits dont elle s'accuse ; ou bien, pour les avoir commis, il faut qu'elle soit affligée d'une maladie particulièrement grave et certainement répertoriée dans les meilleures publications scientifiques[1]. » La maladie en question, si elle existe, n'est, pour l'heure, répertoriée nulle part. La grande majorité des mères récidivistes sont reconnues responsables de leurs actes et donc condamnées à plusieurs années de prison ferme.

1. Richard Liscia, *Le Quotidien du médecin*, n° 8030, 16 octobre 2006.

Les médecins à l'épreuve du déni

Béatrice est la sœur de Jean-Louis Courjault, mis en examen pour complicité d'assassinat après les aveux de sa femme qui a reconnu trois néonaticides. Depuis les faits, Béatrice essaie de comprendre comment elle a pu ne rien déceler, elle qui est pourtant médecin. Elle me dit : « Comment je n'ai rien vu, ça, je ne me l'explique toujours pas. J'ai fait médecine, j'ai passé un an en psychiatrie, six mois en gynécologie obstétrique. Je savais que le déni de grossesse existait mais j'ai été incapable de l'envisager quand c'est arrivé à ma belle-sœur. Par exemple, je me souviens d'un cas où une jeune fille était arrivée aux urgences, adressée par un médecin pour une tumeur utérine à extension vaginale. Il m'est arrivé de trouver Véronique plus ronde, c'est certain, mais elle n'a jamais eu le ventre d'une femme enceinte : nous nous sommes baignées dans la même piscine alors qu'elle était enceinte de sept mois ! Après la révélation des faits, j'ai voulu aller voir un de mes anciens chefs de service, un modèle pour moi, afin d'essayer de comprendre comment j'avais pu ne rien voir.

« Lorsque Véronique a été hospitalisée en urgence, en 2003, les médecins l'ont vraiment rattrapée par les cheveux. Le bilan biologique était très inquiétant, l'infection généralisée. Ils lui ont demandé si elle avait accouché récemment, elle a dit non. Le médecin des urgences qui l'a opérée avait à sauver une femme victime d'une septicémie, il n'a pas prêté attention à la taille de l'utérus. Et puis il y avait la barrière de la langue qui ne facilitait pas les choses. Mon frère ne comprenait pas ce qui avait pu se passer. J'ai évoqué l'hypothèse d'une fausse couche, je lui ai dit qu'elle était peut-être enceinte sans le savoir, qu'il n'y avait pas forcément d'explication à tout en médecine : j'ai réussi à le convaincre et il n'a plus cherché à comprendre. Je n'ai jamais imaginé l'hypothèse d'un accouchement ni d'un déni de grossesse.

« Ce qui est tout de même incroyable et inadmissible, c'est que nous ayons été informés des résultats des analyses ADN par le journal de 13 heures. Nous nous sommes tous retrouvés chez moi. Jean-Louis a appelé la PJ pour en savoir plus. Véronique était très calme. Jean-Louis, lui, avait un regard de bête traquée : il ne comprenait rien à ces résultats qu'il attendait comme moi avec tant d'impatience. Comme moi, il était encore convaincu par la thèse de la manipulation. Nous sommes tous les deux des scientifiques : la seule façon de mettre un terme à ce cauchemar était d'avoir des analyses françaises. Nous avons même appelé un généticien de renom pour en parler avec lui. Mais même lorsque les résultats sont tombés, j'ai refusé de voir la vérité. Je me suis dit : "Bien, c'est leur ADN, mais ce ne sont pas leurs enfants." Quand ma belle-sœur a avoué et qu'on a évoqué un troisième bébé, j'étais stupéfaite, incrédule. J'ai pensé qu'elle déraillait complètement. Ce n'est que quand mon frère est sorti libre de sa garde à vue que je l'ai cru : son regard perdu exprimait un tel désarroi !

« Je me suis rendue à l'évidence. Pendant ces trois mois, nous nous étions monté la tête. De nombreux éléments ont aidé à la mise en place de notre déni à tous. Elle avait subi une hystérectomie trois ans plus tôt et ne pouvait donc plus avoir d'enfant. Ils avaient déménagé l'année précédente, il aurait donc fallu transporter les corps. Elle emmenait ses enfants tous les jours à l'école, elle s'était investie dans une association dans cette même école... Avec le recul, nous nous rendons compte que nous avons dit des choses terribles devant elle, nous avons fait des blagues stupides pour faire retomber la pression. Peut-être qu'inconsciemment nous l'avons confortée dans son mutisme. Je pense qu'elle a vécu un calvaire. Ce qui rend mon frère plein de regrets, c'est la pensée que si elle n'avait pas accouché seule ce drame ne serait pas arrivé car ces enfants, sans nul doute, elle les aurait aimés, d'autant que, pour mon frère, l'arrivée d'un bébé est toujours une grande joie. Quel gâchis ! Nous sommes tous en train d'essayer d'atterrir, chacun à notre rythme. Pour ma part, je pense très souvent à ces bébés. Je ressens beaucoup de peine pour eux. Même si je n'en veux pas à Véronique, je ne veux pas nier les faits.

« Véronique est une maman douce, calme et aimante avec ses enfants, une bonne maman, dix fois plus patiente que moi. Les premiers auxquels je pense, ce sont mes petits neveux, à la façon dont ils vont pouvoir se construire après ça. Pour mon frère et nous tous, les adultes, c'est un cyclone : ce qui nous arrive est terrible. Mais nous sommes déjà construits. Je me raccroche au concept de résilience que j'aime beaucoup. Avec de l'amour, on peut soulever des montagnes. »

Bernard Lemoignier est médecin généraliste à Angles, en Vendée. Il entretient une relation dense, et de longue date, avec le déni de grossesse. « Je n'ai pas le souvenir d'avoir entendu parler du déni de grossesse pendant mes études de médecine, explique-t-il, ni dans le cadre du certificat d'obstétrique ni dans le cadre du certificat de psychiatrie. J'y ai été confronté pour la première fois au tout début de ma carrière, en 1982 et en 1983. J'ai reçu un jour dans mon cabinet, alors que je venais de m'installer, une toute jeune femme de vingt ans non mariée qui venait me consulter pour une aménorrhée de deux mois. Elle m'a assuré qu'elle n'avait jamais eu de rapports sexuels. À l'examen, il m'a semblé que l'utérus correspondait à une grossesse, et une grossesse plutôt avancée (elle était en fait dans le sixième mois mais je ne l'apprendrais que plus tard). Je lui ai prescrit une prise de sang. J'ai reçu les résultats à mon cabinet et elle a dû recevoir les siens chez elle. Mais elle n'est plus revenue me voir. J'en ai déduit qu'elle se faisait suivre par un autre médecin pour sa grossesse.

« Puis, début juin, je reçois un soir un coup de fil d'un hôtelier de la région m'avertissant qu'une de mes patientes était en train d'accoucher dans l'une de ses chambres. Je ne comprenais pas de qui il voulait parler. Je me suis rendu sur place et j'ai retrouvé la jeune femme qui était venue en mars. Sa grossesse n'avait pas été suivie. Elle avait des œdèmes et de l'hypertension. Je l'ai accompagnée à l'hôpital et elle a bien failli accoucher sur le bord de la route. Même pendant le trajet, alors que je devais garder la main sur l'utérus pour empêcher le bébé de sortir, elle disait qu'elle n'était pas en train d'accoucher. Nous sommes heureusement arrivés à temps, l'enfant présentait une double circulaire du cordon et, en dehors d'une structure de soins, il serait mort à la naissance. C'était une petite fille qui est aujourd'hui en parfaite santé. La maman s'est mariée, tout est rentré dans l'ordre. On n'a jamais vraiment su qui était le père.

« L'année suivante, j'ai été appelé au chevet d'une autre jeune femme par sa sœur qui m'a dit : “Venez vite, elle est en train d'accoucher." Je suis tombé des nues. Je la voyais presque tous les jours et je n'avais rien remarqué. C'était un déni total, elle ne s'était absolument pas rendu compte qu'elle était enceinte. Elle a ensuite eu un deuxième enfant. Elle a très bien élevé les deux.

« Mon expérience du déni de grossesse ne s'est pas arrêtée là. En janvier 2000, j'ai été tiré au sort comme juré d'assises. Dans la session où j'ai officié, notamment comme président du jury, se sont présentées deux femmes mises en examen pour néonaticide après un déni de grossesse. La première était une pauvre malheureuse d'une trentaine d'années qui avait déjà trois ou quatre enfants, dont le mari était alcoolique et qui avait accouché au-dessus des toilettes. L'enfant était décédé au moment de l'expulsion. Le mari était présent mais avait été incapable de faire quoi que ce soit. Elle n'avait pas été incarcérée. Le président a tout de suite requalifié les faits en délaissement d'enfant et elle a été acquittée.

« La deuxième était d'un milieu social plus élevé. Elle a accouché au-dessus de ses toilettes, pensant quelle avait une gastro. Visiblement sidérée, elle n'a pas eu le réflexe de sortir l'enfant de la cuvette. Son conjoint a appelé les pompiers dès qu'il a constaté les faits. Mais il était trop tard. Elle s'est beaucoup exprimée. Elle disait qu'elle ne comprenait toujours pas ce qui s'était produit, qu'elle ne se le pardonnerait jamais. J'ai tenté de la faire acquitter également mais c'était plus compliqué. Il y avait dans le jury des gens réticents, dont un chef d'entreprise qui ne comprenait pas qu'on ne la renvoie pas en prison. Le président du tribunal pensait que dans l'absolu il faudrait l'acquitter mais qu'il risquait d'être contre-productif de s'obstiner. Il a fallu transiger et elle a été condamnée à quatre mois ferme, ce qui couvrait la détention provisoire.

« De nouveau, très récemment, j'ai été confronté à une autre affaire de déni suivi de la mort du bébé. La compagne d'un de mes anciens patients a étouffé son bébé après avoir accouché dans sa salle de bains, alors qu'elle pensait faire une fausse couche. Je l'ai reçue dans mon cabinet quelques jours après les faits car elle n'a pas été incarcérée tout de suite. Elle était évidemment bouleversée, prostrée, avec un intense sentiment de culpabilité. Elle s'est transfigurée quand elle a compris qu'elle n'était pas un monstre et que son cas était loin d'être isolé. La justice refuse pour le moment de prendre en considération les études sur le déni de grossesse. Elle a été mise sous écrou alors que rien ne le justifiait. C'est une vraie loterie. Même depuis l'affaire Courjault, qui a permis la médiatisation du déni, c'est encore l'incrédulité qui prévaut avec la certitude que la mère est coupable et qu'elle a volontairement caché sa grossesse. En revanche, les médecins à qui j'ai fourni des documents sur le déni sont abasourdis par la description clinique des différents cas. »

Le docteur Félix Navarro est médecin de santé publique à Toulouse. Il a créé en 2004 l'Association française pour la reconnaissance du déni de grossesse[1]. Il milite donc pour la reconnaissance du déni en tant que pathologie mais également pour des expertises médico-légales plus poussées en cas de décès de l'enfant. Ce médecin développe ainsi l'idée que la plupart de ces morts pourraient être d'origine naturelle. Il s'en explique : « Pour moi, tout a commencé une nuit de 2004, vers 2 ou 3 heures du matin, par un coup de téléphone : un interlocuteur, à brûle-pourpoint, me demande depuis quand j'ai connaissance de la grossesse de telle jeune femme de mon entourage familial. Puis cette personne me pose une autre question tout aussi incompréhensible. Mal réveillé, j'ai cru à une erreur, ou à une mauvaise plaisanterie. Personne, dans mon cercle familial, n'était sur le point d'avoir un enfant. Ce n'est qu'après un court dialogue assez surréaliste que mon interlocuteur s'est présenté : brigade criminelle. Ensuite, les choses se sont enchaînées très vite, et j'ai été plongé dans une affaire de déni, une histoire on ne peut plus classique comme je l'apprendrais par la suite mais qui, sur le moment, m'a stupéfié. Cette jeune femme était enceinte sans en avoir conscience, elle ne présentait aucun signe, strictement aucun signe. Elle continuait à mener sa vie, normalement. Neuf mois

1. Association française pour la reconnaissance du déni de grossesse (AFRDG), 28, rue Bertrand-de-Born, 31000 Toulouse. http ://deni2 grossesse.free.fr.

durant. Personne n'a rien vu, ni son conjoint, ni ses propres parents, ni sa belle-mère, ni moi-même. Un soir elle est prise de douleurs. Elle se dit que ce n'est rien, que si cela dure elle consultera son médecin le lendemain. Brutalement, les douleurs deviennent extrêmement violentes. Elle ressent une sorte de déchirement. Elle accouche, seule adulte au domicile, avec un enfant en bas âge. Elle saigne, beaucoup. C'est même une hémorragie cataclysmique. Et, dans ce terrible tableau, le bébé meurt.

« Face a une telle histoire, ce n'est pas le médecin qui réagit, c'est d'abord l'être humain : comme tous ceux qui sont passés par là, j'ai été totalement abasourdi. Une sorte de K.-O. Une énorme souffrance psychologique. La mort d'un bébé, c'est terrible, encore plus quand c'est incompréhensible. Pendant plusieurs jours, je me suis repassé le film des dernières semaines, des derniers mois en me demandant : "Est-ce qu'il y avait quelque chose que j'aurais pu, que j'aurais dû voir ?" Mais non. Rien. Évidemment, une telle situation est d'autant plus troublante pour soi-même que l'on est médecin. C'est donc en toute logique le praticien qui a ensuite pris le dessus. J'ai cherché à comprendre ce qui s'était passé. Au cours de mes études, j'avais bien entendu mentionner le déni, mais je ne savais rien de précis sur le sujet. Avec quelques collègues, avec quelques autres professionnels de santé, nous nous sommes lancés dans ce qu'on appelle une recherche bibliographique, c'est-à-dire le recensement de tout ce qui a été écrit à ce sujet sur le plan scientifique. Avec ces mêmes collègues, après avoir pris le temps de la réflexion, nous avons décidé de créer l'Association française pour la reconnaissance du déni de grossesse. Personnellement, je l'ai fait en pensant à toutes ces femmes, confrontées à une souffrance aussi viscérale, aussi dure que peut l'être un déni, et qui ne trouvent pas forcément dans leur entourage les explications nécessaires, ni parfois le soutien et la compréhension qu'un tel état pathologique exige. Le principal objectif de l'association est simple : mieux faire connaître cette maladie en apportant aux professionnels de santé, aux juristes mais aussi au grand public des informations scientifiquement validées. Notre propre expérience nous démontrait la nécessité d'un tel travail, vu la méconnaissance profonde qui règne sur le sujet, l'existence de nombreuses idées reçues (et fausses). Son objectif secondaire est d'aider toutes les personnes en difficulté à la suite d'un déni.

« Quand on est soi-même confronté à cette pathologie, le premier mot qui vous vient à l'esprit, c'est le qualificatif "incroyable". Le même terme vient dans la bouche de tout le monde : "incroyable". Pourtant il n'est pas si rare de rencontrer des femmes qui ne se sont rendu compte de leur grossesse qu'au bout de quelques mois et qui vous disent : "Mais alors, moi aussi, j'ai fait un déni ?" Oui, ces femmes ont fait un déni partiel, qui s'est levé tout seul avant la fin de la grossesse. Gênées ou honteuses, elles n'en avaient parlé à personne jusque-là. Des femmes qui ont connu un déni total avec un dénouement heureux, ou même leurs familles, nous envoient parfois un petit message sur le site de l'association. Même dans ces cas positifs, celles qui prennent contact avec nous perçoivent souvent les informations que nous diffusons comme une véritable délivrance : elles peuvent enfin mettre un mot sur ce qui leur est arrivé.

« Quand le bébé meurt, la justice considère systématiquement qu'il a été tué. Elle néglige tout aussi systématiquement l'autre piste, celle de la mort naturelle, et ne pousse pas assez loin les analyses anatomopathologiques. Pourtant, tout le monde sait que, même dans les meilleures maternités, des bébés meurent à la naissance et qu'ils n'ont pas été volontairement tués pour autant ! Or, le risque de mort à la naissance est d'autant plus grand que l'accouchement a lieu dans la solitude, sans soins. Si l'on ajoute le caractère tout a fait inopiné de l'accouchement – et donc le fait qu'il survient dans les lieux les plus inappropriés –, il y a probablement de quoi expliquer la mortalité observée : globalement, vu le nombre estimé de dénis, elle correspond aux cas de mort naturelle qui se produisent dans une population numériquement équivalente et dépourvue de soins médicaux (taux observé dans certains pays du tiers-monde par exemple).

« Ce que j'ai étudié, les échanges que j'ai eus avec des femmes concernées, avec leur entourage, avec des confrères de diverses spécialités, m'amène donc à penser qu'il est probablement très rare que la mort de l'enfant soit imputable à un acte positif de la mère. On a connu le même genre de questionnement, les mêmes hypothèses à propos de la mort subite du nourrisson. Comme personne ne savait de quoi ces bébés mouraient, certains ont longtemps pensé qu'ils étaient tout simplement victimes d'infanticide. Tout comme cela se produit actuellement pour le déni lorsqu'il est suivi d'un décès, des parents ont été confrontés à la justice, emprisonnés. Jusque dans les années 1990, il y avait en France, en moyenne, quelque mille cinq cents morts subites inexpliquées de nourrissons. Lorsqu'on a finalement rejeté la piste criminelle, que des études médicales ont été menées, le caractère naturel de ces décès a été reconnu, les causes réelles identifiées, la prévention mise en œuvre, et il est remarquable de constater que la mort subite du nourrisson a enfin reculé d'environ 75 % en quelques années dans notre pays. Il s'agit d'un très beau succès. On ne peut que souhaiter qu'il en aille de même avec les décès consécutifs à un déni. Les deux problématiques sont à mon sens manifestement très proches. Si un bébé de deux mois peut décéder, comme on le sait aujourd'hui, de mort naturelle, un nouveau-né, bien plus fragile, le peut malheureusement tout autant.

« Il faudrait lancer des campagnes d'information, notamment en direction des différentes catégories de professionnels qui peuvent être concernés dans l'exercice de leurs fonctions, et plus largement du grand public. Pour effectuer efficacement cette prévention, des recherches complémentaires me paraissent nécessaires. Il me semble que la vie d'un bébé, que la vie d'une femme confrontée à son propre déni puis à la perte de son enfant méritent amplement de telles études. »

Confrontés à titre personnel ou dans leur pratique au déni de grossesse, ces médecins en ont été fortement ébranlés. Ils ont constaté à quel point ils étaient démunis face à ce trouble dont ils avaient à peine entendu parler pendant leurs études de médecine. Ils estiment tous les trois qu'il est urgent de travailler plus amplement et plus scientifiquement sur cette question, de communiquer et de sensibiliser le corps médical et l'opinion publique.

Conclusion

À l'occasion de la diffusion d'un reportage sur les infanticides dans l'émission « Envoyé spécial » le 7 décembre 2006, le journal *20 minutes* s'interrogeait sur la multiplication des articles et images concernant cette thématique et traduisant probablement un sentiment général : « Surenchère médiatique ou constat d'une épidémie criminelle ? » Ni l'un ni l'autre.

D'une part, les médias mettent en exergue un sujet passionnant et longtemps méconnu du grand public, ce qui relève de leur fonction la plus élémentaire. L'inceste, la pédophilie, le harcèlement moral... il s'agit peut-être de modes, mais certains emballements médiatiques permettent, parfois, de lever des tabous, de faire évoluer les mentalités et, soyons fous, de sauver des vies. D'autre part, personne n'a affirmé qu'il s'agissait d'une soudaine inflation criminelle. Il n'y a, évidemment, pas plus d'infanticides aujourd'hui qu'en 1950. Il est juste très surprenant que leur nombre n'ait pas diminué, malgré la contraception, l'IVG ou l'accouchement sous X. Et il est tout aussi étonnant que cette problématique n'ait pas fait plus tôt l'objet de débats publics, notamment au moment où le législateur décidait de supprimer l'incrimination d'infanticide dans le code pénal entré en vigueur en 1994, décidant dès lors d'attribuer au meurtre du nouveau-né des circonstances aggravantes plutôt que des circonstances atténuantes.

Il me semble injuste et inutile (sauf à prôner la loi du talion) que ces femmes qui deviennent mères et meurtrières au même moment subissent une détention provisoire de plusieurs mois, encourent la peine la plus lourde prévue par le code pénal et fassent l'objet de réquisitoires qui ont plus à voir avec la morale judéo-chrétienne qu'avec le droit. Il me semble également un peu méprisant et infantilisant de penser qu'un procès aux assises et une peine de prison, même assortie du sursis, seraient nécessaires pour les aider à prendre conscience de ce qu'elles ont fait. Les mères que j'ai rencontrées sont peut-être des exceptions. Elles ont en tout cas toutes souhaité reconnaître cet enfant, le nommer, assister à son inhumation. Elles l'ont toutes pleuré et le pleureront longtemps. Et je ne crois pas que leur mise en examen y soit pour quelque chose. Dans l'intérêt de tous, de ces femmes, de leurs enfants vivants quand elles en ont, de la société, je suis persuadée que la réponse apportée à ces drames doit être médicale et thérapeutique plus que judiciaire.

Alors oui, constater que les mères sont encore nombreuses à tuer leur bébé, admettre que les raisons de ces crimes ne relèvent pas forcément de considérations socio-économiques, s'interroger sur le traitement qui doit leur être réservé, cela mérite bien quelques articles, débats télévisés, reportages, documentaires ou... livres. Encore plus si, à l'occasion de cette médiatisation, un autre phénomène, le déni de grossesse, se trouve soudain lui aussi mis en lumière. Il est dommage que ce trouble psychique ait dû attendre l'affaire Courjault, c'est-à-dire un fait divers plutôt hors norme, pour susciter enfin l'intérêt qu'il mérite. Rappelons-le, il concerne chaque année, en France, entre huit cents et deux mille quatre cents femmes.

En dehors de l'infanticide, le déni de grossesse pose un réel problème de santé publique. Ces grossesses ne bénéficient pas, par définition, d'un suivi médical. Pas d'échographie, pas de prise de sang, pas de précautions particulières, pas de possibilité de limiter les conduites à risque. L'accouchement, s'il survient au domicile sans aucune aide extérieure, et même en l'absence de toute velléité criminelle, présente un risque élevé de mortalité pour l'enfant mais également pour la mère. Et quand tout se passe bien au moment de la venue au monde de ce bébé inattendu, il reste encore à s'assurer de la qualité du lien mère-enfant en devenir.

Comment prévenir de telles situations ? Quels outils mettre en place pour permettre à ces femmes d'investir leur grossesse, de se projeter dans cette issue inéluctable que constitue l'accouchement ? La prévention d'un risque passe d'abord par la connaissance et la reconnaissance de ce risque. La prise de conscience de la réalité de l'inceste a ainsi été rendue possible par sa médiatisation, par la parole des victimes, laquelle a permis à son tour, en un cercle vertueux, de libérer d'autres victimes et de sensibiliser l'opinion publique. Il est urgent de creuser les pistes possibles en matière de prévention du déni. En attendant, communiquer sur le sujet, le faire connaître, le rendre crédible peuvent contribuer à extraire ces femmes de leur dénégation inconsciente, de leur isolement et de leur enfermement. À rendre des médecins plus enclins à envisager une grossesse même quand les symptômes sympathiques ne sont pas au rendez-vous. À pousser des conjoints, des mères, des amis à poser, au moindre doute, une fois, deux fois, trois fois, mille fois la question : « Tu ne serais pas enceinte ? »

Annexes

Voici deux récits de déni de grossesse, relatés dans un quotidien britannique et un mensuel américain, qui se sont très bien terminés. La presse anglo-saxonne se fait souvent l'écho de ce genre d'histoire, ce qui n'empêche pas l'opinion publique de ces pays de se montrer aussi incrédule et stupéfaite que les lecteurs français.

Le premier article, intitulé « Tombé du ciel », signé par Sabine Durrant, a été publié le 7 janvier 2006 par *The Guardian*.

« Becky Elsworth sentait bien qu'elle avait grossi, qu'elle était fatiguée et qu'elle avait une envie irrépressible de nettoyer la cuisinière. Mais ce n'est pas avant d'avoir ressenti les contractions qu'elle s'est rendu compte qu'elle était enceinte de neuf mois.

« Un jour, l'été dernier, Becky Elsworth s'est mise au lit avec ce qu'elle croyait être des douleurs de règles aiguës. Le soir, elle et son compagnon, William Night, sont allés au pub du quartier pour un quiz. “On y va toujours pour ça le jeudi.” En rentrant, la douleur est encore plus forte, alors elle prend du paracétamol et va se coucher. “Et puis je me suis réveillée à 3 h 30. J’avais l’impression que mon ventre se déchirait en deux. J’ai cru que c’était l’appendicite. William était déjà réveillé. Je n’avais pas arrêté de me tourner et de me retourner dans le lit. Il me dit : ‘Ca suffit, je t’emmène à l’hôpital.’ Le problème, c’est qu’il avait bu. On a dû réveiller Helen, notre colocataire, pour qu’elle nous y conduise. Ils m’ont tout de suite prise en consultation. À ce moment-là, j’étais déjà pliée en deux. Ils pensaient que c’était l’appendicite. Ils m’ont mise dans un box à part pour me poser quelques questions : ‘Vous ne pensez pas que ce pourrait être un bébé ?’ J’ai cru qu’ils me demandaient si j’étais enceinte. Je n’ai pas pensé un instant qu’ils voulaient dire : ‘Vous ne pensez pas être sur le point d’accoucher ?’”

« Daniella, 3 kilos 750, est née à 3 heures le jour suivant. À terme. Elle avait une touffe de cheveux noirs sur la tête et quand elle est sortie elle a crié. William était là pour la voir naître, ainsi que Helen, et puis Sally, la mère de William, et Jeanette, la sœur de Becky, qui sont toutes deux très vite arrivées, dès qu’elles ont appris la nouvelle. C’était un bon comité d’accueil, étant donné les circonstances... puisque personne ne l’attendait !

« On entend parler de ce genre de chose, mais on n’y croit pas vraiment. C’est comme ces légendes urbaines, on se plaît à les écouter sans pour autant penser qu’elles sont vraies. Soyons honnêtes : comment peut-on être enceinte et ne pas s’en rendre compte ? Les infirmières de l’hôpital John Radcliffe, à Oxford, où Daniella est née, ont dit à Becky qu’elles voyaient des cas comme celui-là une fois par semaine. “Seulement, pour 70 %

d'entre eux, nous rapporte Becky, il s'agit de grossesses de mineures, visibles aux yeux de tout le monde, mais la mère, elle, fait un déni." Pour Becky, c'est différent. Elle a vingt-trois ans, elle est diplômée – elle vient de finir ses études en ergothérapie. Elle est plutôt ronde, mais pas excessivement. Elle vit dans une résidence universitaire avec quatre autres personnes dont son petit ami, avec qui elle est depuis dix-huit mois. Personne n'a remarqué quoi que ce soit. "Quand j'en parle aux gens, je les vois réfléchir et essayer de comprendre. Parfois je vois bien qu'ils ne me croient pas. D'ailleurs, je les comprends." En disant cela, elle berce le bébé dans son siège. Elle s'arrête pour lui remonter son drap. "Je n'y crois pas vraiment moi-même."

« Nous avons cette conversation dans la résidence universitaire de Headington où Becky et William (qui a encore un an d'études à l'université d'Oxford Brookes) devaient s'installer de toute façon. William a vingt-deux ans. "Vous les prenez au berceau", dis-je, en regrettant aussitôt cette remarque. Il y a un vieux tapis par terre, de vagues plaids sur les fauteuils, quelques jeux de société et une télé allumée, le volume baissé. Dans l'entrée, il y un jeu de fléchettes, des prospectus de pizzas posées en évidence et un étudiant qui passe de temps à autre pour aller se faire une tasse de thé. Et puis il y a le bébé, là, avec ses joues roses, dans son MaxiCosi tout neuf, par terre, au milieu de la pièce.

« "J'ai eu les oreillons il y a à peu près un an", raconte Becky en la sortant de son siège pour lui donner son biberon. "Ensuite, Will et moi, on a eu une angine ou un truc de ce genre, et j'ai dû prendre des antibiotiques. On pense que c'est comme ça que c'est arrivé. Les antibiotiques peuvent annuler l'effet de la pilule, si vous regardez, c'est écrit en tout petit. Mais personne ne le lit jamais ! Après j'ai continué à avoir mes règles, ce qui n'est apparemment pas inhabituel. J'avais bien un peu de ventre et je me sentais déprimée. Du genre : beurk, je suis trop grosse. J'ai tendance à faire du yo-yo, de toute façon. Mais je rentrais encore dans mes jeans, je n'avais pas besoin de défaire le bouton du haut. Je n'avais pas de nausées le matin, même si j'étais fatiguée. En même temps, j'étais en stage, avec des horaires de bureau, et après je sortais le soir avec les copains. Ça peut fatiguer aussi. J'avais des aigreurs, mais je pensais que c'était le curry, la boisson et la vie d'étudiant. Autre chose : j'allais souvent aux toilettes. Helen me disait : 'On dirait une vieille dame.' Moi, je pensais que c'était parce que je buvais beaucoup d'eau. La veille de mon accouchement j'ai quand même eu l'envie irrépressible de nettoyer la cuisinière de haut en bas. Je l'ai complètement récurée. Ma tante disait qu'avant un accouchement on a un sursaut d'énergie. Mais je n'aurais jamais fait le rapprochement entre le fait d'avoir un bébé et le nettoyage de la cuisinière."

« Becky parle très calmement. Comme si elle avait parcouru un long chemin depuis le traumatisme de la naissance de Daniella, comme si tout était déjà rentré dans l'ordre. Lorsqu'elle cherche à se remémorer ce qu'elle a ressenti quand on lui a dit qu'elle était sur le point d'accoucher, elle n'arrive pas à se le représenter. Elle parle de William.

« "C'est difficile à décrire, tellement de douleur, de confusion. Quand William est revenu me voir dans le box, il m'a demandé ce qui m'arrivait. Je lui ai dit quelque chose comme : 'Ils pensent que je vais avoir un bébé.' Et je ne faisais que répéter : 'Pardon, pardon, pardon, pardon, pardon, pardon.' Je ne savais pas comment réagir, ni ce que j'étais censée ressentir, tout ce que je pouvais dire, c'était : 'Je suis désolée.' Il m'a dit qu'il fallait qu'il appelle sa mère et c'est là que je me suis mise à pleurer parce que j'ai compris qu'il était encore un enfant. Ça m'a fait mal. Il voudrait être là pour moi, mais comment est-ce qu'il le pourrait, quand moi-même je me sens complètement..."

« Elle s'arrête et secoue légèrement la tête. "Apparemment, lorsque sa mère est arrivée à l'hôpital, elle lui a demandé : 'Est-ce que tu l'aimes ?' Il a répondu : 'Oui, et elle m'aime aussi.' Elle a dit : 'Bon. Alors, allons-y.'"

« Ç'a été un accouchement difficile. Les médecins pensaient que le bébé était prématuré alors ils n'ont pas voulu aller trop vite. "Elle avait les pieds en bas et elle était tournée vers l'extérieur, la tête située très haut sous mes côtes. C'est d'ailleurs pour ça que je n'avais pas de ventre. Elle est finalement sortie de côté avec une ventouse. Ils me l'ont posée sur le ventre, ça m'a fait très bizarre. J'étais complètement déboussolée. Elle avait des bosses, des bleus, le crâne déformé par la ventouse, elle m'était étrangère. J'étais un peu dégoûtée. En plus, je n'avais pas pris de vitamines ; trois semaines auparavant, des amis étaient passés, et j'avais bu une demi-bouteille de rhum. Mais comme elle a pleuré, je me suis dit : 'Ah, d'accord.' Ils m'ont demandé si j'avais prévu de l'allaiter et je leur ai répondu : 'Euh... en fait, je n'avais rien prévu du tout !' Ils me l'ont collée au sein et ça s'est bien passé."

« Tout le monde à l'hôpital la félicitait et lui disait qu'elle se débrouillait très bien. Les infirmières ont dit qu'elle avait échappé aux docteurs qui vous palpent et vous manipulent pendant neuf mois. Personne n'a jamais parlé d'adoption. "On ne nous a pas donné cette option. Le problème n'a jamais été posé. Non pas que j'aurais voulu le faire mais... J'ai trouvé que ne pas en parler n'était pas très juste pour William." Mais s'ils l'avaient fait et qu'elle avait lu une hésitation dans ses yeux, est-ce que ça ne lui aurait pas fait de la peine ? "Bien sûr. Mais je pense qu'il n'aurait pas eu cette hésitation. Surtout quand on le voit avec elle aujourd'hui."

« Elles sont restées quatre jours à l'hôpital, puis sont allées chez la mère de William, près de Newbury, pour se reposer. "Elle a été super, du genre 'Il faut que tu fasses une sieste maintenant'."

« La mère de Becky est arrivée d'Australie où elle vit aujourd'hui, et il a été question qu'elle ramène Becky à Brisbane. "Elle voulait être bien sûre que William obtienne son diplôme. Mais elle ne voulait pas nous séparer, et pour être honnête, je ne voulais pas partir. Il est le père de Daniella. À présent, on forme une équipe."

« C'est à peu près à ce moment-là que William est arrivé. Il nous a fait à tous un vague sourire puis il est remonté à l'étage pour étudier. "Il travaille très dur cette année, dit Becky. Il se sent des responsabilités. Il vise la mention très bien, pas juste passable."

« En janvier, elle va chercher du travail en ergothérapie, pour deux jours par semaine, mais pour l'instant elle profite tout simplement de son bébé. Une amie de la sœur de William vient d'avoir un bébé aussi, elle habite du côté de Swindon. Sinon, elle ne connaît personne d'autre qui en ait un. Participe-t-elle à des réunions pour jeunes parents ? "Honnêtement, non. En fait, je continue à faire ce que j'aimais faire avant, mais avec un bébé. Helen habite ici et on fait beaucoup de choses ensemble. On s'est inscrites à la bibliothèque, on se promène dans Headington, ou alors on va en ville, juste pour se balader." À ce moment-là, Helen sort la tête d'une des chambres situées en bas et dit : "Ou pour faire des courses."

« Ou pour faire des courses ! répète Becky.

« Il y a des jours où elle pleure beaucoup. C'est souvent Helen qui prend les choses en main dans ces moments-là. Quelqu'un lui a demandé l'autre jour si, sachant qu'elle était enceinte, elle aurait avorté. "C'est une question terrible. Si j'avais su qu'elle allait être aussi mignonne, sûrement pas, je n'aurais jamais eu envie de m'en débarrasser. Mais je ne peux pas affirmer qu'on ne l'aurait pas fait." Elle soulève Daniella et frotte sa joue contre la sienne. Et veut-elle d'autres enfants ? En a-t-elle discuté avec William ? "On en parle parfois en plaisantant. Je pense qu'on en aura plus tard, mais pas maintenant." Elle s'apprête à dire quelque chose, mais se retient en riant. "Honnêtement, la corvée d'être enceinte, très peu pour moi..." »

Le second article, intitulé « Je ne savais même pas que j'étais enceinte », signé par Sarah Smith, a paru en mars 2006 dans le mensuel américain *Parenting*.

« L'été dernier, au début de vacances bien méritées, Jennifer West s'est réveillée avec des douleurs de règles : spasmes, mal de dos, des douleurs partout. La mort dans l'âme, elle s'était décidée à ne pas bouger jusqu'à ce que ces désagréments disparaissent. Mais rester allongée sur son lit à regarder le plafond ne changeait rien. En fait, elle avait encore plus mal au dos dans cette position. Sur le côté peut-être ? Pas mieux. Elle soupira. Ce ne sont pas des vacances, ça.

« Jennifer West, trente et un ans, et Dan, son mari, de Villa Park, Illinois, séjournaient dans un chalet de vacances dans le Wisconsin avec deux amis, Anna Puccinelli et Jan De Keyser. Les parents de Dan se trouvaient un peu plus loin dans un autre chalet. Ils avaient prévu d'y passer un week-end tranquille pour le 4 Juillet. Mais le matin du 3 juillet, la seule idée d'aller voir le feu d'artifice donnait des frissons à Jennifer. Rien ne la soulageait, quoi qu'elle fasse. Elle fit le tour des chalets, monta et descendit les escaliers qui menaient de l'un à l'autre. L'après-midi, elle était si exténuée qu'elle supplia d'être dispensée de minigolf. "Allez, viens, tout ira bien", insista Anna Puccinelli, son amie d'enfance. Mais Jennifer savait qu'elle ne tiendrait pas le choc. "Je vais essayer de faire une sieste, dit-elle. Je suis sûre que je me sentirai mieux d'ici à votre retour."

« Elle réussit à dormir à peu près une heure, par intermittence, mais elle se réveilla, paniquée. La douleur pouvait-elle être encore pire ? Cinq ans auparavant, elle avait eu un fibrome qui lui avait provoqué une douleur similaire au ventre. Ensuite, en 2002, elle avait eu un kyste ovarien qui avait éclaté. Elle avait ressenti des spasmes très douloureux et tout avait commencé par un mal de dos. L'idée d'avoir à affronter l'un ou l'autre lui était insupportable.

« Alors qu'elle était soulagée de voir Dan et ses amis revenir, eux furent décontenancés en la voyant. Pâle et inquiète, Jennifer gémissait toutes les cinq minutes. “Ça ne te ressemble pas, lui dit Dan, on devrait aller à l’hôpital.” Elle protesta : “Non, non. Ça va aller”, et puis un gémissement. Elle pensait que si elle n’y allait pas ça signifierait qu’il n’y avait rien de grave.

« Mais Dan savait bien que quelque chose n’allait pas. Sa femme n’était pas du genre à se plaindre. Elle avait surmonté de manière stoïque les ulcères, le fibrome, le kyste. Si elle était au bord des larmes, c’est que cela devait être grave, et le fait d’être loin de tout l’inquiétait. Il lui dit : “Jen, on y va”, et ils partirent.

« Ils arrivèrent aux urgences du Memorial Hospital de Hayward vers 19 heures. “Je n’ai jamais eu de règles aussi douloureuses”, dit Jennifer à l’infirmière de garde. Lorsqu’elle eut fait le résumé de son dossier médical, une autre infirmière lui fit passer une échographie, cherchant à entendre le bruit du sang traversant un fibrome. Jennifer West reconnut le “boum, boum” familier et elle eut le cœur serré. “Eh bien, c’est peut-être une tumeur, ou alors c’est un bébé, dit l’infirmière.

« – Ce n’est pas un bébé”, dit Jennifer en se demandant si elle aurait besoin d’une intervention (quand ? bientôt ? devra-t-elle manquer le travail ?). Elle se dit qu’au moins elle avait l’explication du poids qu’elle avait pris ces derniers temps. Les gros fibromes peuvent parfois provoquer un gonflement de l’abdomen. L’infirmière alla chercher le docteur. Quand Brent Kelley arriva, après un toucher vaginal, il lui annonça la dernière chose à laquelle elle s’attendait. “Vous êtes dilatée de huit centimètres. – Quoi ? dit Jennifer. Quoi ?” Une infirmière se précipita dans le couloir pour annoncer à Dan : “Bonne nouvelle ! Votre femme va accoucher ! – Ma femme ? Pardon, mais vous devez vous tromper de personne !" dit-il.

« Mais elle ne se trompait pas. Et pendant que Dan essayait d'intégrer ce que l'équipe médicale lui disait, sa femme, elle, essayait de ne pas paniquer. Accoucher ? Ce n'est pas possible. Sa pensée s'accélérait. Mais elle avait eu des règles ! Ils utilisaient des préservatifs ! Elle remarqua que les infirmières avaient l'air enthousiastes alors qu'elle était sur le point de craquer. Elle aurait voulu que tout le monde s'arrête pour pouvoir réfléchir un instant, mais apparemment il n'y avait pas de temps à perdre. Tout ce qu'elle pouvait faire pour rassembler ses esprits, c'était d'écouter très attentivement ce que lui disaient le docteur et les infirmières. Alors qu'on l'emmenait en salle de travail en lui expliquant ce qui allait se passer, elle essayait de retenir les conseils de respiration, pensant que si elle faisait tout comme il fallait ça se passerait bien.

« Et au moment où elle demandait : "Pouvez-vous répéter tout ce que vous venez de dire ?", la mère de Dan, Linda West, arriva. Elle avait quitté son chalet peu de temps après le départ de Dan et Jennifer, en disant à son mari : "Je vais voir si les enfants ont besoin de quelque chose. On s'ennuie lorsqu'on attend à l'hôpital." Mais pas ce soir-là. Elle aperçut d'abord Dan qui se tenait sous le panneau "Salle de travail" et se dit que Jennifer devait encore avoir des problèmes féminins. Sinon, pourquoi verrait-elle un gynécologue ? Lorsqu'elle s'approcha de Dan, il était encore sous le choc. L'infirmière lui dit : "Jen va accoucher."

« "Accoucher ?" dit Linda. Une seconde après, les mots firent sens. Elle était atterrée, comme Dan, et elle avait peur aussi. En plein travail ? Si Jen ne s'était pas aperçue qu'elle était enceinte, à quel stade de sa grossesse en était-elle ? Elle pensait que tout ça ne pouvait que mal se terminer. En salle de travail, les choses avançaient vite et Jennifer était presque entièrement dilatée. Pour elle, la voix de Linda était la plus douce des musiques. Elle était tellement soulagée. Enfin quelqu'un de calme ! Quelqu'un qui savait ce que c'était ! À 20 heures, Linda se lança au secours de sa belle-fille pour lui donner une formation éclair en respiration, tout en essayant de mettre de côté ses propres inquiétudes.

« L'équipe médicale aussi était inquiète, mais ils étaient certains que le bébé ne pouvait pas être dangereusement prématuré étant donné le tour de taille de Jennifer (ils n'avaient pas eu le temps de faire une échographie complète). Comme elle n'avait pas pris de traitements contre d'éventuelles infections pendant sa grossesse, ils lui donnèrent des antibiotiques et se tinrent prêts. On ne savait pas grand-chose sur ce bébé en dehors du fait que sa mère n'avait reçu aucun suivi prénatal.

« Encore trop terrifié et bouleversé pour embrasser son rôle de futur père et soutenir sa femme, Dan laissa cette tâche à sa mère et arpenta les couloirs de l'hôpital. Lui et Jen s'étaient déjà vus avec un bébé, mais dans un avenir encore flou, certainement pas maintenant. Tout en marchant, il se demandait si tout cela n'était qu'un rêve, s'il ne devenait pas fou.

« Pendant ce temps, Jennifer essayait de se concentrer et de pousser, mais le rythme cardiaque du bébé ne cessait de s'affaiblir. On lui mit un masque à oxygène qui devint aussitôt source de réconfort. Derrière son masque, le bruit de l'oxygène qui circulait noyait tout le reste et elle se sentait un peu plus calme. Mais dès qu'elle le retirait le bruit et le tumulte lui revenaient en pleine figure.

« Sans parler de la douleur qui était sans commune mesure avec ce qu'elle avait pu ressentir jusqu'à présent. Il était trop tard pour une péridurale. Après avoir poussé pendant près d'une heure sans relâche, elle essaya de tenir bon en se disant que ça devrait bien finir à un moment donné : personne ne pouvait supporter une telle souffrance très longtemps. Elle avait raison. Quelques minutes plus tard, elle poussa une dernière fois en pleurant et le bébé, un garçon, naquit. Il pesait 3,6 kilos et était en très bonne santé. Jennifer le prit dans ses bras. Elle se sentait comme dans un rêve. Mais quand le bébé la regarda droit dans les yeux, tout changea de nouveau. "D'accord, lui dit-elle, je suis ta maman et je vais prendre soin de toi."

« Trois jours plus tard, la famille West retourna au chalet (Jen avait trop mal et se sentait trop fatiguée pour supporter un trajet de sept heures en voiture jusqu'à chez eux). À l'arrière, il y avait un siège auto, le premier cadeau pour le bébé, de la part d'Anna Puccinelli et de Jan De Keyser. Et, attaché dedans, Robert Hayward West. Robert, comme le père de Dan, et Hayward en hommage à la ville où le bébé était né, et où Dan et Jen s'étaient mariés cinq ans auparavant.

« Ils sont restés trois nuits dans le chalet. Robbie a dormi blotti dans un tiroir posé sur un meuble. Les parents de Dan et des amis de la région leur ont fourni l'équipement de base tel que les couches et les habits. Pendant ce temps, dans l'Illinois, la mère et la sœur de Jen s'affairaient et préparaient à toute vitesse une fête de bienvenue au bébé pour le retour à la maison de la nouvelle famille. Pour Jen et Dan, s'adapter à cette nouvelle vie avec un bébé était plus compliqué que pour la plupart des nouveaux parents. Jen a dû faire face à des accès de culpabilité inattendus : "Il arrivait à Robbie de pleurer parfois pendant trois heures d'affilée, et je ne savais pas quoi faire. Je me disais : 'Est-ce que c'est parce que je ne savais pas que tu étais dans mon ventre ?' Mais après quelques semaines, une fois la famille installée à la maison, Jen et Dan ont commencé à devenir parents. Tout d'un coup, ils ont eu des avis sur les couches, savaient comment faire sourire Robbie. Et, surtout, ils ont pu raconter leur histoire à tant d'amis bienveillants que tout leur est apparu un peu moins fou.

« Comment Jen ne s'est-elle pas rendu compte de sa grossesse ?

« Ce que tout le monde voulait savoir, bien sûr, c'était : comment as-tu fait pour ne pas t'en apercevoir ? Rétrospectivement, il y a une explication logique au fait que Jennifer West soit passée à côté de ses symptômes. Les nausées du matin ? Elle pensait qu'elle avait une grippe au moment où elle était enceinte de huit semaines. Plus de règles ? Elle pensait qu'elle avait ses règles comme d'habitude, c'est-à-dire de manière irrégulière (les saignements le jour de son accouchement sont probablement dus aux contractions ou à la perte du bouchon muqueux qui protège l'ouverture du col de l'utérus). Les remontées acides et les maux d'estomac provoqués par la grossesse ne l'ont pas alertée non plus. "J'étais sûre que mon ulcère s'était aggravé", dit-elle. Son gynécologue n'a pas pu non plus détecter de grossesse puisqu'il a vu Jennifer pour une consultation annuelle juste avant la conception. Même les mouvements du bébé, si perceptibles pour la plupart des femmes, lui ont échappé. Son utérus est rétroversé, ce qui est un phénomène assez répandu : l'utérus est penché vers l'arrière au lieu d'être droit. Dans le cas de Jennifer, c'est peut-être ce qui l'a empêchée de ressentir les coups de pied de Robbie, mais c'est surtout ce qui a provoqué le mal de dos que Jennifer avait mis sur le compte du stress. En revanche, ce qui ne lui a pas échappé, c'est qu'elle avait pris du poids. Neuf kilos au total qui vers la fin semblaient se concentrer autour de sa taille. "Je ne grossissais pas de cet endroit avant, mais je pensais que c'étaient les changements de mon corps dus à la trentaine", dit-elle. Elle s'est mise à faire du vélo et à faire attention à ce qu'elle mangeait mais rien ne semblait faire fondre les kilos en trop.

« Jennifer n'était pas la seule à avoir remarqué les rondeurs qui commençaient à s'installer. Sa sœur aînée, Jeanne Cox, lui avait un jour touché le ventre en disant : "Qu'est-ce que tu as là ? Un bébé ?" Jennifer avait répondu : "Non, je prends du poids, c'est tout." Et sa sœur n'avait pas insisté. L'ironie de l'histoire, c'était que Jeanne était elle-même enceinte.

« "J'étais très heureuse pour elle, et très enthousiaste à l'idée d'être impliquée dans sa grossesse dès le début, dit Jennifer. J'ai même dit à Jeanne que de l'aider était pour moi presque aussi bien que d'avoir mon propre bébé."

« Quand sa sœur a accouché fin juin, Jennifer a tout laissé tomber pour l'aider. D'ailleurs, moins d'une semaine avant son propre accouchement, elle récurait la maison de Jeanne de haut en bas. De son côté, Dan était heureux qu'il y ait un bébé dans la famille. Justin, le mari de Jeanne, était son meilleur ami depuis le lycée. Mais

Dan n'était pas encore prêt à fonder une famille. Il lui semblait qu'un bébé changeait tout dans la vie.

« Il avait raison, bien sûr, mais, comme le souligne sa mère, c'est la même chose pour tout le monde. "C'est le jour où Dan est né que ma vie a changé, non pas le jour où j'ai appris que j'étais enceinte." Aujourd'hui, personne ne peut envisager la vie sans Robbie, surtout pas Jen. "Quand il est né, j'étais bouleversée, mais je l'ai tout de suite aimé." La chance des West va même au-delà de la présence de Robbie et de sa bonne santé. "C'est quand quelque chose d'inattendu se produit que l'on se rend compte à quel point les gens tiennent à vous." C'est ce que pense Jen du soutien qu'elle a reçu de sa famille, de ses amis et de ses collègues. Non seulement ils se sont impliqués dès le départ, mais ils ont aussi donné au couple ce dont ils avaient le plus besoin : l'assurance que malgré les circonstances inhabituelles de la naissance de Robbie Jen et Dan n'étaient pas fous et qu'ils étaient de bons parents, intelligents et attentionnés. Mais ça ne veut pas dire qu'ils ne feront pas attention la prochaine fois. Comme dit Jennifer : "Je crois que je vais faire un test de grossesse tous les mois jusqu'à la fin de mes jours !" »

Table

Photocomposition Nord Compo

Impression réalisée sur CAMERON par
BRODARD ET TAUPIN
La Flèche (Sarthe)

pour le compte des Éditions Stock
31, rue de Fleurus, 75006 Paris
en mars 2007

Imprimé en France
Dépôt légal : mars 2007
N° d'édition : 84130 – N° d'impression : 40293
54-07-6018/3